浙江文化艺术发展基金资助项目

杭州优秀传统文化丛书

Hangzhou Youxiu Chuantong Wenhua Congshu

启明之路

毕晓燕 —— 著

杭州出版社

图书在版编目（CIP）数据

启明之路 / 毕晓燕著 . —— 杭州：杭州出版社，
2022.8
（杭州优秀传统文化丛书）
ISBN 978-7-5565-1679-7

Ⅰ.①启… Ⅱ.①毕… Ⅲ.①学校—研究—杭州—近
代 Ⅳ.① G527.551

中国版本图书馆 CIP 数据核字（2022）第 016986 号

Qiming Zhi Lu

启明之路

毕晓燕/著

责任编辑 朱金文
装帧设计 李轶军　祁睿一
美术编辑 祁睿一
责任校对 陈铭杰
责任印务 屈　皓
出版发行 杭州出版社（杭州西湖文化广场32号6楼）
　　　　　　电话：0571-87997719　邮编：310014
　　　　　　网址：www.hzcbs.com
排　　版 浙江时代出版服务有限公司
印　　刷 天津画中画印刷有限公司
经　　销 新华书店
开　　本 710 mm×1000 mm　1/16
印　　张 16
字　　数 200千
版 印 次 2022年8月第1版　2022年8月第1次印刷
书　　号 ISBN 978-7-5565-1679-7
定　　价 58.00元

序　言

文化是城市最高和最终的价值

　　我们所居住的城市，不仅是人类文明的成果，也是人们日常生活的家园。各个时期的文化遗产像一部部史书，记录着城市的沧桑岁月。唯有保留下这些具有特殊意义的文化遗产，才能使我们今后的文化创造具有不间断的基础支撑，也才能使我们今天和未来的生活更美好。

　　对于中华文明的认知，我们还处在一个不断提升认识的过程中。

　　过去，人们把中华文化理解成"黄河文化""黄土地文化"。随着考古新发现和学界对中华文明起源研究的深入，人们发现，除了黄河文化之外，长江文化也是中华文化的重要源头。杭州是中国七大古都之一，也是七大古都中最南方的历史文化名城。杭州历时四年，出版一套"杭州优秀传统文化丛书"，挖掘和传播位于长江流域、中国最南方的古都文化经典，这是弘扬中华优秀传统文化的善举。通过图书这一载体，人们能够静静地品味古代流传下来的丰富文化，完善自己对山水、遗迹、书画、辞章、工艺、风俗、名人等文化类型的认知。读过相关的书后，再走进博物馆或观赏文化景观，看到的历史遗存，将是另一番面貌。

过去一直有人在质疑，中国只有三千年文明，何谈五千年文明史？事实上，我们的考古学家和历史学者一直在努力，不断发掘的有如满天星斗般的考古成果，实证了五千年文明。从东北的辽河流域到黄河、长江流域，特别是杭州良渚古城遗址以距今5300—4300年的历史，以夯土高台、合围城墙以及规模宏大的水利工程等史前遗迹的发现，系统实证了古国的概念和文明的诞生，使世人确信：这里是古代国家的起源，是重要的文明发祥地。我以前从来不发微博，发的第一篇微博，就是关于良渚古城遗址的内容，喜获很高的关注度。

我一直关注各地对文化遗产的保护情况。第一次去良渚遗址时，当时正在开展考古遗址保护规划的制订，遇到的最大难题是遗址区域内有很多乡镇企业和临时建筑，环境保护问题十分突出。后来再去良渚遗址，让我感到一次次震撼：那些"压"在遗址上面的单位和建筑物相继被迁移和清理，良渚遗址成为一座国家级考古遗址公园，成为让参观者流连忘返的地方，把深埋在地下的考古遗址用生动形象的"语言"展示出来，成为让普通观众能够看懂、让青少年学生也能喜欢上的中华文明圣地。当年杭州提出西湖申报世界文化遗产时，我认为这是一项需要付出极大努力才能完成的任务。西湖位于蓬勃发展的大城市核心区域，西湖的特色是"三面云山一面城"，三面云山内不能出现任何侵害西湖文化景观的新建筑，做得到吗？十年申遗路，杭州市付出了极大的努力，今天无论是漫步苏堤、白堤，还是荡舟西湖里，都看不到任何一座不和谐的建筑，杭州做到了，西湖成功了。伴随着西湖申报世界文化遗产，杭州城市发展也坚定不移地从"西湖时代"迈向了"钱塘江时代"，气势磅礴地建起了杭州新城。

从文化景观到历史街区，从文物古迹到地方民居，众多文化遗产都是形成一座城市记忆的历史物证，也是一座城市文化价值的体现。杭州为了把地方传统文化这个大概念，变成一个社会民众易于掌握的清晰认识，将这套丛书概括为城史文化、山水文化、遗迹文化、辞章文化、艺术文化、工艺文化、风俗文化、起居文化、名人文化和思想文化十个系列。尽管这种概括还有可以探讨的地方，但也可以看作是一种务实之举，使市民百姓对地域文化的理解，有一个清晰完整、好读好记的载体。

传统文化和文化传统不是一个概念。传统文化背后蕴含的那些精神价值，才是文化传统。文化传统需要经过学者的研究提炼，将具有传承意义的传统文化提炼成文化传统。杭州与丛书作者在创作方面作了种种古为今用、古今观照的探讨交流，还专门增加了"思想文化系列"，从杭州古代的商业理念、中医思想、教育观念、科技精神等方面，集中挖掘提炼产生于杭州古城历史中灵魂性的文化精粹。这样的安排，是对传统文化内容把握和传播方式的理性思考。

继承传统文化，有一个继承什么和怎样继承的问题。传统文化是百年乃至千年以前的历史遗存，这些遗存的价值，有的已经被现代社会抛弃，也有的需要在新的历史条件下适当转化，唯有把传统文化中这些永恒的基本价值继承下来，才能构成当代社会的文化基石和精神营养。这套丛书定位在"优秀传统文化"上，显然是注意到了这个问题的重要性。在尊重作者写作风格、梳理和讲好"杭州故事"的同时，通过系列专家组、文艺评论组、综合评审组和编辑部、编委会多层面研读，和作者虚心交流，努力去粗取精，古为今用，这种对文化建设工作的敬畏和温情，值得推崇。

人民群众才是传统文化的真正主人。百年以来，中华传统文化受到过几次大的冲击。弘扬优秀传统文化，需要文化人士投身其中，但唯有让大众乐于接受传统文化，文化人士的所有努力才有最终价值。有人说我爱讲"段子"，其实我是在讲故事，希望用生动的语言争取听众。今天我们更重要的使命，是把历史文化前世今生的故事讲给大家听，告诉人们古代文化与现实生活的关系。这套丛书为了达到"轻阅读、易传播"的效果，一改以文史专家为主作为写作团队的习惯做法，邀请省内外作家担任主创团队，组织文史专家、文艺评论家协助把关建言，用历史故事带出传统文化，以细腻的对话和情节蕴含文化传统，辅以音视频等其他传播方式，不失为让传统文化走进千家万户的有益尝试。

中华文化是建立于不同区域文化特质基础之上的。作为中国的文化古都，杭州文化传统中有很多中华文化的典型特征，例如，中国人的自然观主张"天人合一"，相信"人与天地万物为一体"。在古代杭州老百姓的认知里，由于生活在自然天成的山水美景中，由于风调雨顺带来了富庶江南，勤于劳作又使杭州人得以"有闲"，人们较早对自然生态有了独特的敬畏和珍爱的态度。他们爱惜自然之力，善于农作物轮作，注意让生产资料休养生息；珍惜生态之力，精于探索自然天成的生活方式，在烹饪、茶饮、中医、养生等方面做到了天人相通；怜惜劳作之力，长于边劳动，边休闲娱乐和进行民俗、艺术创作，做到生产和生活的和谐统一。如果说"天人合一"是古代思想家们的哲学信仰，那么"亲近山水，讲求品赏"，应该是古代杭州人的生动实践，并成为影响后世的生活理念。

再如，中华文化的另一个特点是不远征、不排外，这体现了它的包容性。儒学对佛学的包容态度也说明了这一点，对来自远方的思想能够宽容接纳。在我们国家的东西南北甚至是偏远地区，老百姓的好客和包容也司空见惯，对异风异俗有一种欣赏的态度。杭州自古以来气候温润、山水秀美的自然条件，以及交通便利、商贾云集的经济优势，使其成为一个人口流动频繁的城市。历史上经历的"永嘉之乱，衣冠南渡"，"安史之乱，流民南移"，特别是"靖康之变，宋廷南迁"，这三次北方人口大迁移，使杭州人对外来文化的包容度较高。自古以来，吴越文化、南宋文化和北方移民文化的浸润，特别是唐宋以后各地商人、各大商帮在杭州的聚集和活动，给杭州商业文化的发展提供了丰富营养，使杭州人既留恋杭州的好山好水，又能用一种相对超脱的眼光，关注和包容家乡之外的社会万象。这种古都文化，也代表了中华文化的包容性特征。

城市文化保护与城市对外开放并不矛盾，反而相辅相成。古今中外的城市，凡是能够吸引人们关注的，都得益于与其他文化的碰撞和交流。现代城市要在对外交往的发展中，进行长期和持久的文化再造，并在再造中创造新的文化。杭州这套丛书，在尽数杭州各色传统文化经典时，有心安排了"古代杭州与国内城市的交往""古代杭州和国外城市的交往"两个选题,一个自古开放的城市形象,就在其中。

"杭州优秀传统文化丛书"团队在传统和现代的结合上,想了很多办法,做了很多努力。传统文化丛书要得到广大读者接受,不是件简单的事。我们已经走在现代化的路上,传统和现代的融合,不容易做好,需要扎扎实实地做,也需要非凡的创造力。因为,文化是城市功能的最高价值,也是城市功能的最终价值。从"功能城市"走向"文化城市",就是这种质的飞跃的核心理念与终极目标。

2020 年 9 月

(单霁翔,中国文物学会会长)

浙江名胜图（局部）

目 录

第五章

十年树木，百年树人

第一章

求是书院之前世今生

杭州城的新任知府

光绪二十二年（1896），三月的杭州，天气已逐渐转暖，微微湿润的空气中透着春的气息。一群飞鸟从林中惊起，扑棱着翅膀冲上天际。透过晨曦的薄雾，依稀可以看到一队人马不疾不徐地走在通向杭州府的官道上。落在轿上、马上和随从身上的晨露，在阳光中微微闪烁，转瞬即逝，使一切都渐趋明朗起来。

这是一行六轿的人马，队伍不算长，为首的一顶蓝呢轿，轿身偏长，可见是长途跋涉所用的眠轿。轿里端坐的正是新上任的杭州知府——福建侯官人林启，此时他刚从衢州知府任上卸下。自因反对慈禧太后挪用海军经费建造颐和园，林启被贬为衢州知府后，已过了三年。对于此次调赴杭州，年近花甲的他早已宠辱不惊了，因为他的心思早已不在官场逢迎、仕途前程，在京城，他见了太多的昏庸无能和山河破碎。他的眼帘微微低垂，似是闭目养神，又似是运筹帷幄。

一个侍从走到轿前，双手作揖，俯身低头，对轿中人恭敬地说道："大人，离知府官舍还有小半天路程，您看是否需要中途歇息？"

林启塑像

　　轿帘未掀，只听得一个沉稳的声音："不了，直接赶路吧。"

　　"是。"

　　队伍从凤山门进入杭州城，一进入城门，队伍最前方的侍从即鸣锣九响，意为"官吏军民人等齐闪开"。城门附近闲散的人群立即向路两旁跑去，原本杂乱无章、人声鼎沸的街巷，霎时一片肃穆。待轿子渐渐离去之后，人们方才大出一口气，纷纷交头接耳议论："这就是新上任的知府老爷啊。""听说他在衢州办了十二所学堂呢。""看来是一个好官啊。"

　　轿子转过一条马路后，视野猛然开阔起来，一片极为宽阔的干净空地铺展于眼前，随从不禁叫出声来："哎呀，这个地方景色好呀！"青石铺就的路面极为平整，黑瓦黄墙，虽无过多装饰，却给人一种无法言说的庄严感。屋檐左右两角向上翘起，仿佛振翅欲飞的鸟儿，与其上的龙形雕饰互为映照。在黑瓦的衬托下，屋檐下方的红色牌匾显得格外鲜明，上书三个大字：普慈寺。

进入这片空地之后，市井的喧闹声渐渐远去，隐约传来僧人的诵经声，木鱼的敲击声虽不甚响，却坚定有力。突然而来的清净令林启起了兴致，他从轿中探出头来，寺庙的围墙斑斑驳驳，显示出久失打理的落魄感，门前往来香客稀少，更是平添了一份凄寥。林启若有所思地看了一会，便放下轿帘。侍从不解地看了一眼，心想大人什么时候对寺庙如此感兴趣了。

日头渐高，马上就要到晌午了，领队心中一阵焦急，必须加快速度了，虽然剩下的路途不过几里，但若是晌午之后还未抵达，影响了知府大人和一众亲眷用膳，就麻烦了。他吆喝轿夫们："大家都提起精神来！"轿夫们心领神会，纷纷加快脚步。普慈寺的黑色瓦顶渐渐远去，直至消失。

但在林启心中它并未消失，普慈寺占地之广、风景之秀美令他想起了汪穰卿（即汪康年）的一席话。这位浙江同仁先是在上海参加强学会，愈来愈清晰地认识到变法尚不是强国之根本，根本在于人，人则在于教育。林启还在衢州知府任上时，就听说他在杭州积极筹建新式学堂之事。去年夏日，汪穰卿特意从上海回到杭州，请求当时的杭州知府将收归官有的一座寺庙改建为崇实学堂，但以失败告终。汪穰卿曾言："非将教育、政治，一切经国家、治人民之大经大法，改弦易辙，不足以变法。"这席话令林启甚为感慨，从此将其视为知己。

"停轿——"领队的一声吆喝让林启从思虑中回到现实。知府官舍已在眼前，林启和一众眷属自轿上而下，踏进了这座两进共十间住房的院落。简单地安顿与用膳之后，林启把侍从叫来："备轿去东城讲舍。"

侍从面露不解：“大人连夜赶路，恐身体疲惫，今日为何还要再行路奔波呢？”林启缓缓地说：“明日还有明日的事，耽搁不得。”

侍从跟随林启多年，早已了解知府大人的风格，他心思缜密，但做起事来却常常雷厉风行、言出必行，让人不得不由衷钦佩。侍从不敢再多言，一路小跑着赶去备轿。

东城讲舍位于菜市桥畔，由于并未事先通报，知府林启的到来令讲舍内的师生分外慌张。林启进入一间教舍，但见一位老人正在摇头晃脑地背诵：“《诗》云：‘瞻彼淇奥，绿竹猗猗。有匪君子，如切如磋，如琢如磨。瑟兮僩兮……’”林启轻咳几声，引来老人和学子的注目。

“这位是……”老人虽不认识林启，却认得这身官服，诚惶诚恐地放下书，走到林启面前。

“除了讲授经义，可还有其他课程？”林启问道。

老人有些疑惑：“四书（即《大学》《中庸》《论语》《孟子》）、三礼（即《礼记》《周礼》《仪礼》）、三传（即《左传》《公羊传》《穀梁传》）、《孝经》、《尔雅》等皆有传授，不知大人所言‘其他’为何呀？”

“我是说，可有理化、外语等新学？”

老人语塞，张皇失措地左右看看，未出一语。林启胸中了然，挥挥手：“你继续讲课吧。”正准备跨门而出，却被急匆匆赶来的山长撞了一个满怀。

山长气喘吁吁地说：“不知知府大人驾到，有失远迎，

求是鼎

有失远迎。"

林启打断他："远迎可失，职责不可失呀！"

山长茫然地看着林启，不知该如何回答。林启摆摆手："把舍规、策问、讲义拿来。"

山长唯恐稍有怠慢，赶紧着身边人去取，然后笑着对林启说："大人，舍规即刻送来，请移步正厅稍事休息。"

斜阳夕照之时，林启的轿子从东城讲舍中抬了出来。轿中的他一脸倦容，却不仅仅是因为路途颠簸。日光渐渐隐去，黑色的夜幕随即将一切笼入罩下，令人恍惚如坠梦中。下轿时，林启特意抬头看了看天空，不知不觉间一轮朗月已升至高空，四周弥散的光芒令人顿觉一片清朗。

林启走入房中，用热水洗了一把脸，又喝了几口热茶，感到周身血脉畅通，似有一股热浪起伏于胸中。他走到书案前，命侍从立刻磨墨，自己则铺展宣纸，提起毛笔：
"居今日而图治，以培养人才为第一义。居今日而育材，
以讲求实学为第一义。"林启的笔迹遒劲有力，在烛光
的映照下蒙上了一层光辉，仿若带着生命的气息。在衢
州的几次学堂改革令他信心倍增，也使他得到了浙江巡
抚廖寿丰的信任。这一次对东城讲舍的改革，他已然成
竹在胸，首要一步是订立新规，接着便是增设西学课程，
考试内容改应试八股为以策论为主。最重要的一步，则
是聘用有西学功底的讲师。他在这封上奏给巡抚的信函
中，将自己的想法一一推展。

次日一早，马夫正在给马饮水，就见到知府的侍从
快步跑来，人还未到马房，声音已翩然传来："速速准备，
知府大人马上要动身前往巡抚官舍了。"

志同道合的官场知音

浙江巡抚廖寿丰的官舍颇为壮观，园内有水榭、平台、画桥、假山、水亭等景观。大门正对的大厅即是巡抚衙署的大堂。侍从通报之后，林启踱步进入大堂，看到巡抚正端坐台前，忙躬身行礼。

一番寒暄之后，林启切入正题："卑职昨日去东城讲舍看过了，发现那里的讲学还停留在学八股、讲词赋，以应付科举考试，殊为可惜。纵观整个杭州城，传授西学的学堂尚无一所，实为痛心。"

廖寿丰微微颔首："贤弟在衢州的一番改革令人称道，我也早在盘算杭州城之学堂教育，但苦无可行之道。"

林启心中一喜，回答道："卑职有一不成熟的计划，还请巡抚大人赐教。"

"但说无妨。"

"卑职昨日路过蒲场巷的普慈寺，寺中香火衰败，但占地甚广，背靠大山，风光秀丽。依卑职揣度，是建立学堂的上佳之地。"

《申报》（1898 年 1 月 12 日）载廖寿丰筹款在普慈寺设立求是书院等事

巡抚捋须，稍作迟疑，继而开口说道："关于此学堂之具体事宜，贤弟是否已有清晰构想？"

林启顿首："卑职曾与梁任甫（即梁启超）通函数封，就西学向其请益甚多，明白培养人才须讲求古今中外治天下之道，并参合西政以求致用。具体来说，主要有三点：其一为聘通古今中外者为总教习；其二为日课要以中外政学之书为定课；其三为月课多用策问体。"

闻听此言，廖寿丰神色舒展，又问道："贤弟心中可有教习的合适人选？"

王令赓　　　　　　　　　求是书院校舍

　　林启正色道："关于教习人选，卑职确实详加思虑过，窃以为总教习可由西人担任，因其对西学较之国人理解体会较深，来杭多年的王令赓（E. L. Mattox）似学识、能力兼备，可予以录用。至于华人教习，卑职拟举荐宋燕生（即宋恕）、高啸桐（即高凤岐）二人。"

　　廖寿丰欣悦地说："贤弟为新学堂之事确实思虑极深，此前我曾极力支持汪穰卿创办崇实学堂，惜因各方阻力甚多，憾然作罢。后又托吴子修（即吴庆坻）为普慈寺之用多方奔走，终无收获。今日贤弟重提普慈寺，不知可有法子将其移为学堂之用？"

　　林启向巡抚略微靠近，附在其耳边低语几句。巡抚眼睛忽地一亮，对林启说道："若此法可行，则请贤弟多为操心。此外，还需一份上报奏折。"

　　林启说："大人不必担心，卑职一定妥善处之。至于奏折，卑职今日回去后即代为拟写。"

　　巡抚连连感慨："甚好，甚好。不过唯有一虑，此次办学恐杭绅又从中阻挠，我想不妨沿用'书院'之旧称，贤弟意下如何？"

林启深感赞成，说："大人所言极是，卑职即拟奏折，如此一来，定能化解不少阻力。"

"那就有劳贤弟了。"

出了巡抚官舍大门，临上轿前，林启回头看了一眼朱漆大门，厚实的大门毫无隔绝之意，竟给人一种笃定的心安，他想那定是这建筑也沾染了主人的气息之故。

一场预先谋划的"罪责"

酝酿几日，奏折便已写好。在奏折中，林启特意避开西学、新式学堂等词，而是刻意将之与旧式书院相类比，"查浙江杭州省城，旧有敷文、崇文、紫阳、学海、诂经、东城书院六所，今方以制艺取士，势难骤为更张，另设则无此经费，惟有酌筹改并，因势倡导，择庠序有志之士，奖进而培植之，庶趋向端而成就易。"他反复阅读多遍，自感已无明显可攻击之处，便呈给廖寿丰审阅。

廖寿丰看后，不禁大赞："贤弟此奏折用词甚妥，我想今日创设书院之事应不似以往，不致成画饼也。"

林启听后也倍感鼓舞，答曰："大人请放心，关于此学堂之用地、款项和人员，卑职均有可行之构想，待奏折批阅之后，不日即可动作。"

时至六月，天气已渐有暑气，湿漉漉的空气中总仿佛有什么东西在酝酿着。这天申时，知府的官轿停在了普慈寺大门之外。百姓围拢在寺庙门前，不知知府大人带着人马进入这浮屠之地是为何。人群越聚越多，每个人都支起耳朵，拼命去听厚厚庙墙内所传出来的任何声响。

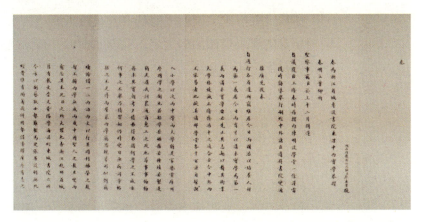

成立求是书院奏折（局部）

　　庙墙内，随从对迎上前来的和尚说："知府大人今日有要事查办，还请住持出面。"

　　和尚面露惊诧，却也只得听话照做。旁边一位和尚反应迅速，垂手对林启说："住持正在准备晚课事宜，可能会稍有耽搁，请大人先至东单客堂稍事休息。"

　　"不急，可否有劳法师将寺庙的香火账簿取来，并请众人皆至客堂？"林启语气和缓，却带着不容反驳的威严。

　　在场之人彼此相看，有胆子大的试着询问："不知大人所来为何？"

　　林启环视一圈，并不动怒，说："只是有事需查清，请诸位法师不必多疑。"他扫视一周，眼神中的凌厉令和尚们不禁一抖。

　　林启正在看香火账簿，忽听到一个声音飘至耳边："我乃普慈寺住持，不知知府大人今日有何事要查？"话音刚落，人已至近前。

林启轻轻捻须，说："前几日，有人来衙门告状，说普慈寺的和尚借做法事之名，私自敛财，并有偷盗之举。"说罢，直视住持。

住持的眼中掠过一丝不安，但依然镇定地说："普慈寺众弟子向来极为遵守清规戒律，想必其中定有误会。"

林启没有反驳，转而看了一眼香火账簿，说道："普慈寺香火不旺，从账簿上来看似是不争事实。"那言下之意便是，寺里生活清苦，有人按捺不住私欲也不是没有可能。

住持略微欠身："出家之人，清誉胜于一切，若无显证实在不好论断。"

林启朝随从点点头，随从心领神会，拉着一对身着布衣的中年男女走到住持面前，说道："此二人在杭州城羊坝头开一家小吃店铺，十日之前，为了给已过世的

旧普慈寺一角

双亲祭祀，特请了普慈寺的和尚来家中做法事，双方商定法事之后，交予法师米一担、蔬果一担。但在法事进行中，法师却以超度亡者为由，另提出收银三两，如不支付，则恐对亡者不利。店家没有办法，只得答应，于是回身至屋内取银钱交予法师。隔天店铺开门前清点货物时，又发现原本置于柜台下的五钱亦不翼而飞。"

林启转向此对夫妇，问："此事是否为真？"

男人低着头，结结巴巴地说："此事确……确……确实为真。法师中途突然提出要加银钱，否则……否则——"

林启打断他问道："那柜台上丢失的银钱又如何断定是法师所盗？"

男人看了一眼林启，又很快低下头去，用更低的声音说道："那是因为……因为当日法事之后，我们就关门了，到第二天开店之前并未有任何外人进店。"

林启看向住持："看来证据确凿啊！"

住持并不回避林启的眼神，清癯的面孔不见丝毫慌乱："不管怎么说，这只是一面之词。我寺虽小，生活清贫，但僧众个个自律甚严，无论是对'大好佬'（江浙方言中指有权有势者）还是对'苦恼子'（江浙方言中指缺衣少食的贫苦之人），均一视同仁，以佛心度众生。"

"那店家所诉之事该如何解释？"林启眉头紧锁，以不容置疑的语调逼问。

住持张口欲辩，被一丝划过心头的猜想中断：前段時日，他曾听人议论，官府有收寺庙移作学堂之用的打算，也有居士提醒他早作安排。出家人虽远离世事，但绝非超脱物外，近些年来时局不安、民生多艰，令他们时时心生悲戚。修行无所谓处所，若能建成学堂，培育人才，亦不失为功德一件。这样想来，住持在林启的眼中看出了探寻和商量的意味。他立时了然于胸，说道："强辩无益，清者自清。今日知府大人特意上门，想必心中已有决断，吾等只求能有静心修行之地，其余听凭大人论处。"

林启的眼皮跳了一下，重新审视打量住持，缓缓说道："普慈寺一向受百姓好评，虽有人上报寺僧犯下有违律规之事，但双方各执一词，无法定论。为平息纷争，也体恤寺僧求法之心切，着将所有佛像移至城内各寺庙，庙内和尚妥分至附近寺庙，由住持自行安排。"

此言一出，客堂内的和尚一片慌张，七嘴八舌地喊起来："大人明鉴啊！""我们是遭人诬陷啊！"

住持看向弟子，轻轻摇头，示意众人噤声，然后微微躬身，不怒不忿地说："谢知府大人。"

林启与住持对视一眼，说："那就有劳住持安排，望月余可腾空寺庙。"

"吾等明白。"

知府一离开寺庙，众和尚就像炸了锅一般吵嚷起来，有人心有不甘，问住持："为何任由其诬陷欺压？"

住持望向远方，黛色山丘在薄雾中披上了一层看不透的轻纱，他言外有意地说道："山形似可辨，但空谷之音却不易分辨啊。汝等继续修行便是。"

　　夕照下，知府的人马缓缓走出了蒲场巷。落日的余晖在墙壁上划出了一道明暗分界线，属于普慈寺的过去渐渐没入了阴影之中。

　　它迎来的将是一场奠定浙省新式教育基石的"先锋实验"。

浮海吞江之势已起

是年冬日，杭州城内一片繁华之景。知府官舍里的仆人也忙碌起来，大门上挂起了一对大红灯笼，正厅内也摆放着四季花卉大立瓶，院中则放着烧松枝的火盆。林启坐在小亭内，看仆人拿着各式各样的年货进出奔走，心里还在想着求是书院的种种筹备事宜，一时坐立不安。

一旁的侍从看出了知府大人的焦虑，说道："大人，岁末将至，西湖边的孤山定是梅花绽放，美不胜收，不知大人是否想去一赏？"

"梅花？"林启有些心动，他来杭已半年多，还未好好观赏杭州美景，何况他早就因古人的诗词对傲然自开的梅花喜爱良久，便示意侍从备轿前往。

孤山位于西湖之中，山名曰"孤"，因其一屿耸立，旁无连附。林启一行泛舟湖上，未及停靠，就见一树一树红色的梅花在寒风中怒放，悠悠花香飘至鼻端，令人霎时间心旷神怡。随行的一位官员对林启说："昔日隐居山林的和靖先生曾作诗，'疏影横斜水清浅，暗香浮动月黄昏'，给后人留下'梅妻鹤子'的传说。大人，我们如今所在正是被称为'放鹤亭'的赏梅之地。"

放鹤亭

"妙哉！"林启赞叹道，"白雪红梅，别有一番风致；湖中独立，又不乏遗世出尘之傲骨。深得我心啊！"林启的目光转向层叠的山峦："不过，略有一丝遗憾。"

"请大人明示。"

"此山高低起伏，有层叠变化之感，但梅花却较为稀疏，且花种单一，不能不说为一大缺憾。"

这位官员揣度道："大人的意思是想在孤山补植梅花？"

林启笑道："正有此意。即在孤山补梅百株，除红梅之外，杂以檀香梅、绿萼梅、洒金梅。"

官员两手一拱："吾等明白。"

求是书院主楼

　　兴尽而归，林启踌躇满志，竟对林和靖选择隐居孤山产生了心意相通之感。他明白自己志之所在，也顿悟了心之所向。为官，须笃行实务，福泽百姓；修心，则远离浮华，超逸散淡。他回望山间铺展的"红雪"，低吟道："为我湖山留一席，看人宦海度云帆。"

　　与林启站得最近的官员听到此句，心里一悚："'湖山留一席'，这……"他看了知府一眼，终未说话。

——

　　翌年春风拂面之时，普慈寺的大门前贴出了《招考求是书院学生示》，上写：

　　为招考事。照得省城现奉抚宪创设求是书院，延聘教习，讲授化算图绘诸学，兼及外国语言文字，无论举贡生监，年在三十以内，无嗜好，无习气，自愿住院学习者，务于三月初五以前，开具三代、年貌、籍贯、住址，邀同本地公正绅士出具保结，赴院报名。其有略通外国语言文字或化算图绘诸学，均当于册上填注，由监院呈送。示期先试经义、史论、时务策，取录若干名，再行会同教习复试，选定三十名，每名月给伙食洋三元，杂费洋二元。朔课考试化算诸学，望课考试经史策论，均分别给奖，以五年为期，不得无故告退。非假期必常川住院。其余额外，仍按名注册，俟随时传补。所有详细章程，应于报名时到院详看。为此谕仰愿考各生知悉。各宜依期赴院，报名填结，候再示期局试，毋自迟误。切切，特示。

简单说来，即三十岁以下的贡生、监生皆可报名，先进行经义、史论、时务三门笔试，通过者，再由总办和教习面试，共录取三十名。由于书院每月还会拨给学生伙食费和杂费，这样的条件自然吸引了不少人。挤在告示前的人群中，有一个清瘦的年轻人正踮起脚尖全神贯注地读着上面的文字，他轻声念道："讲授化算图绘诸学，兼及外国语言文字。"几日后，他将所要求的材料交至书院，其上端端正正地写着他的名字：陈庆同。及至五四运动之后，这位青年便以"陈独秀"的笔名闻名全国。

光绪二十三年四月二十日（1897 年 5 月 21 日），求是书院正式开学。作为总办的林启一大早就来到书院，他要对新录取的三十名学生进行开学训话。

学子们已列队站在教舍前的空地上，初夏的微风轻拂过一张张朝气蓬勃的脸庞，他们的眼中无一不写满期待。

林启一时生出颇多感慨，他说道："求是书院之创立几经波折、频遭阻滞，所幸有巡抚廖寿丰大人鼎力支持，及诸多热心士绅奔走协调，今日终得以正式开课。虽名为书院，但中西学兼涉，延聘师资皆为一时之选，及所用仪器图籍、饮食住宿，一应花销均得自官府苦心筹备，望汝等明了并深加珍惜。"

林启回头看向教舍正上方匾额上的四个大字，继续说道："'求是'之名，为吾等殚心竭虑所想，意为'务求实学，存是去非'，相信汝等皆明白此中之意。今日中国内忧外患，朝廷内外有识之士无不坚心发愤，以求自强之道。"

言及此，林启的脑中浮现出自己因反对慈禧太后营造颐和园受到贬黜的画面，情绪激昂起来："几许华年，三生醉梦，汝等正值有为，切莫虚掷时光，应笃志敦行，以经世致用之学，求利国利民之途。"

"好！"如此一番掷地有声的讲话，令在场的人备受鼓舞，热烈地鼓起掌来。

求是书院旧影

林启颔首："请大家入学堂上课吧。"

学子渐次进入教舍，林启站立原地，等待着起伏的心绪恢复平静，不经意间，眼眶竟微微湿润。

"昭代车书四方，北溟鱼浮海吞江。"这句元曲突然在林启心中冒了出来，把他自己吓了一跳。毕竟，这看似平静的江面终于涌起了第一波浪涛。

匾额上"求是书院"四个墨色大字在明媚的晨光中熠熠生辉。

正同学少年意气风发

　　杭州大地上第一座真正意义上的新式学堂开课了。背倚青山，坐看日升月落，求是书院默默见证着世事的风云变幻。飞翘的檐廊上挂着初夏的露珠，阳光一闪，七彩炫动，包孕多样，也潜伏着危险。一道强光之下，闪动的露珠转瞬消失了。

　　一只黄鹂落在院中的高树上，啼声婉转，左顾右盼。课舍内一双明亮的眼睛，正随着黄鹂的身姿而转动。朗阔的书院中，既有高傲的旗人子弟，也有出身权贵的汉官后裔，亦不乏谦卑的贫寒之士。这一切使他想到了社会的现实，想到了几千年来的历史，也想到了平静水面下涌动的潜在力量。就连那只黄鹂似乎都在期待着什么，他感到一种无以名状的情感，无限渺茫，而又使他心中发热，眼里湿润。"寿白，在发什么呆呢？"一声询问打断了思绪，史寿白回过头来，发现是四班教习孙翼中。

　　史寿白与孙翼中同为励志社成员，故而渐渐熟悉起来。史寿白回答道："我呀，我正在想这么多的课程该如何完成。"

　　孙翼中点头："确实、确实，国文、数学、格致、博物、英语、日语，哪一个容易，又有哪一个不需要投入大量时间和精力啊！"

"不过，这或许就是我辈的职责和使命吧。"史寿白不但不恼，反而升起了一股志气。

孙翼中拍了拍他的肩膀："既然你有如此斗志，不妨随我去实验室看看，书院刚刚购置了一些科学仪器，都是之前闻所未闻的东西。"

"好啊，乐意之至。"

实验室在偏楼，房间不大，但房中隐隐约约、若有若无的奇怪气味，以及各类形状怪异的仪器，总使人有一种误入镜花缘之感。待史、孙二人赶到，房间中已挤满了学生，大家无一不好奇地看着那些白色粉末、四方晶体，又长又瘦或是矮矮胖胖的透明容器，还有散发着金属光泽的大型仪器，悄悄议论。

"大家请回吧。"音调顿挫明显不同于国人的声音自身后传来，一位黄发蓝眼的老者站在房间门口，正是求是书院的总教习王令赓。他继续用生硬的语调说着："等你们上课后，会慢慢学习使用的。"

大家对仪器的好奇眼神转移到了这位洋人身上，继而互相对视几眼，默默地全部离开了房间。

斗转星移，书院在总办林启的管理下逐渐走上正轨。光绪二十七年（1901）的仲夏时节，来了一位新的国文讲师，是浙江鼎鼎有名的维新派人物宋恕。求是创办之初，林启就力荐其担任汉文教习一职，但由于事务耽搁，书院成立四年后宋恕才上任。宋先生在教学上颇有一番革新举措，他不采用上对下的传授，全由学生自行研阅，遇疑则发问，他再针对问题进行讲解。初始，这样的教学方式令不少学生大感不适，一时之间反对声四起。及至每月试作时，学生猛然发觉自己的遣词作文能力大增，方才领悟到此教学方式的精髓。非议声偃旗息鼓，取而代之的是发自肺腑的钦佩和称赞。

一日，宋先生的课堂上，众学子正埋首读书，静谧的氛围被一声提问打断："先生，听闻您曾著有《六斋卑议》，既然有卑议，那么必有高议，不知能否借我等一学？"这句提问顷刻吸引了众人的注意力，大家目光炯炯，全都看向宋先生。

宋先生的眼眸宛如一潭深水，闪动着波光却深不可测，他说："高议自然是有，不过尚未到可与尔等传阅之时。举国上下，朝政时纲，岂是不洞明思彻而可语之？"

众生心服口服。

这一番话在史寿白的心中激起了涟漪。

是学风，也是学子的初心

史寿白回想起初入书院时，孙翼中在他宿舍里的一番谈话。那时已近深夜，史寿白正对着蜡烛发呆，夜里的春寒使他不禁裹紧了衣衫。门突然被打开，进来的是同室的一位学生，紧跟在他后面的是一个身材颀长的青年。青年看到史寿白，略一点头，权当作是打招呼，便毫不客套地坐在了室友床边的一角。

室友拢起了烛芯，室内的光线抖地一亮，不知为何，竟使史寿白心中一快。

"孙先生，你今天找我是为何事呀？"室友开门见山地提问，并不避讳史寿白。

被称为孙先生的青年面色稍显沉重，回答道："书院的励志社近来活动颇多，但是人手不足，急需帮助，不知你可有意向加入？"

原来是励志社！史寿白在心里大叹，他早有耳闻，不过却尚未动过加入的念头。

室友有些犹豫："当今世道，流血牺牲不少，然变革少有成效，孙先生是愿做那击石的鸡卵？"

　　青年将两脚笃定地踏在地上，仿佛这样全身便稳当有力，掷地有声地说道："一个病入膏肓之人，若无新的伤口出现，便无法激起疗治的动力。百足之虫死而不僵，浑浑噩噩中仍可过一日便算一日。然而，多一个伤口就使人多注意其生命，一处新伤反倒能成为救命的契机。我们作为接受新学的读书人，决不能只求自保，乃至坐以待毙，也许我们所能做的至多不过是增加一点小创面，

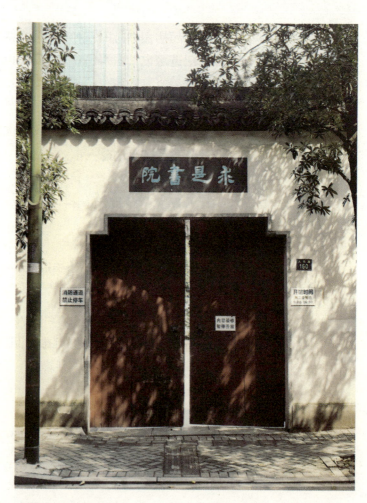

求是书院在今大学路160号

但却能激起疗治的希望，也就是生的希望！"

史寿白的心蓦地震动了，佩服、同情，说不出话来。

"你们知道大家私下是如何谈论求是的学风吗？"青年又开口道，他的眼睛由室友看向史寿白，"是董仲舒的名言，'正其谊，不谋其利；明其道，不计其功'。你们是否愿做这样的人？"

"我乐意做这样的人。"青年的话音刚落，史寿白立即站起身来，他的周身血液沸腾，"孙先生所言极是，纵然无法撼动全局，局部的惊醒也不是全无用处，假使人们不愿全身溃烂，就必得想办法去解决！"

室友也立起身来："那我们加入励志社，应该从何事做起？"

烛光映在青年的眼里，黑色的眸子光芒熠熠，浮起一层泪水。他低了低头，似是平息心情，接着说道："励志社的活动分校内和校外两种，校内主要为举办读书会和扶助低年级同学习作。校外则较为丰富，大致来说有三种：其一是仿照分送善书之例，由学生自发募捐购买《杭州白话报》，再向一般民众分送；其二是休息日在学校附近人员密集处讲解新知识，每次一人，抽签决定；其三是留心观察杭州的私塾，若有思想先进者，则着手对其进行改革。"

"那我们是不是要从购书送书开始？"室友狡黠地问道。

"那就有劳大驾啦！"青年两手作揖，引来室内一片哄笑。

笑过之后，史寿白说道："我还不知这位孙先生尊姓大名。"

青年也收敛起一脸的调皮，正色答道："敝姓孙，名翼中，字耦耕，是书院教员。明日周六，刚好是励志社召开读书会的日子，晚餐用毕后，你们二人就先来看看吧。"

孙翼中离开之后，史寿白看着窗外发呆了许久，直到自己的眼睛完全适应了屋外的黑暗。黑暗中只有几点零星的光，却使得这夜如黑丝绒般绵密光滑，包含着一点只能意会而不可言说的味道。

别具风格的读书会

　　第一次参加励志社的读书会时，史寿白心里一直惴惴不安。虽然在此之前，他已向同社的其他同学打听到，本周的读书会是讲严复翻译的《天演论》，但对于这本风靡大江南北的西人著作，他是断断不敢说已全然把握了。"这何尝不是学习的绝佳机会？"这样想着，他在心里便期待起来。

　　来参加读书会的学生并不多，一眼望去估摸有八九人，稀稀落落地坐在临时被借来的课室中。主讲的学生看时间已到，信步走向台前："各位，《天演论》为严复所译英人赫胥黎之著作。所谓天演者，西国格物家言也。其学以天择、物竞二义，综万汇之本原，考动植之蕃耗。读罢之后，自感澄湛晶莹，如寐初觉，还感到、感到……"主讲者突然语塞，眼睛不安地四处张望，像飘飞的柳絮找不到一处落脚点。

　　孙翼中突然站了起来："这位学生，你果真读过《天演论》吗？前面所讲之内容，好像是来自书中的序言吧。"此话一出，全体哗然，议论纷纷。

　　主讲者抹了抹额头的汗，说道："我是想认真读来着，只怪康有为的一句诗太深入我心，让我分神了。"

"什么诗？"

"就是那首'译才并世数严林，百部虞初救世心'。我想这林纾既与严复齐名，想必才学甚高，于是便去找他的译作，思虑若能作一比较，理解肯定更为透彻。结果没想到此人的译著竟全是西译小说。"

台下已经有学生憋不住笑了。主讲者颇为为难地继续说道："可是这林纾的作品竟自有其引人入胜之处，我拿起《巴黎茶花女遗事》连读三天无法释手，回过神来的时候才发现已经没有时间再去读《天演论》了。"

《浙江求是书院章程》
封面

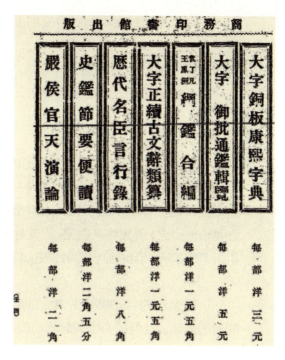

《东方杂志》1905 年 7 月 27 日刊登商务印书馆出版《严侯官天演论》等书

史寿白也藏不住笑了，没想到这一本正经的读书会还闹出了这么一出戏。林纾的作品只是听闻，并未详读，只因曾有人对其评价为"言情志怪，不足为训"。今日却看到有学生为之手不释卷、沉浸其中，也顿时勾起了他的兴趣。

孙翼中做出双手向下压的动作，示意大家收敛一下，转头对着主讲者说道："若你是因读林纾的书而占用了时间，未能完成此次讲析，窃以为虽不妥，然也不好多加苛责。不知大家是否有耳闻，林纾目前在东城讲舍任教，据说是由本院院长林知府亲自邀请而来？我想此人之思想学识，乃至行文修辞，必非等闲之辈。"

史寿白看向孙翼中的眼中又增添了几分钦佩，相互轻视、彼此攻讦，这样的人多如过江之鲫；空谈高论、党同伐异，这样的文章也举目可见。能够不理流言，保持理性，甘愿采低人之姿虚心以求，反倒成了难得一见的另类。

"不过，我们此次的读书任务还是要完成，今日读书会有一位新成员，不妨就请他下周来做《天演论》的主讲吧。"随着孙翼中的手指，大家都看向了史寿白。也许是怕他窘迫，孙翼中补充道："请史寿白同学不要推脱，讲析不求高明，但求独立思考，史同学求诸内心即可。"

一瞥温和的目光拂到史寿白的脸上，似天气刚刚转暖时的微风，让他的心中涌起感动和力量。

谁的热血不曾被现实冷却

　　励志社并不推崇英雄，年岁、见识、学养，已使他们脱离了武侠传奇中身披铠甲、以一敌百的幻梦；但励志社的成员也绝不想做闭目塞听、置身事外的逃避者。他们因何聚在一起？现已无法探究每个人心底的波澜起伏，但有一点确凿无疑，那就是他们曾以学生的身份，努力发出呼喊，拼尽全力去作出有望实现的改变。

　　初夏的夜晚，凉风习习，令人有一种说不出的畅快之感。史寿白正在房中读书，忽见得孙翼中腋下夹着一张报纸匆匆而来。一如往常，没有客套的寒暄，孙翼中直接将报纸铺在桌上："你看看，这是刚刚印好的《杭州白话报》。"

　　"《杭州白话报》？我不太了解。"史寿白一脸疑惑。

　　"报社前不久才成立，创办者为项藻馨，也曾是求是书院的学生，第一任主笔林白水原为我的老师。这次我有幸被他们邀请，写写文章。我今天拿来的这一份是创刊报。"

　　史寿白低下头来，认真翻阅起来。《论说》《中外新闻》

《俗语指谬》《俗语存真》……栏目不少，再看看文章，全为粗浅易懂的白话。

"你看这里。"孙翼中指着署名为宣樊子的一段文字：

> 朋友们商量着想开报馆，又怕咬文嚼字的，人家不大耐烦看。并且孔夫子也说道，动到笔墨的事情，只要明明白白，大家都看得懂就是了。从前，日本国有个大名士，名叫贝原益轩。他一生也是专门做些粗浅的小说书给人家看。没有过了几年，那风气就大开了，国势也渐渐的强起来了。因此，日本维新的根儿，大家都说是贝原益轩一个人弄起来的。诸位此刻还未必十分相信，等看了各种的报纸，才晓得我们并不是撒谎呢。

"唔……"史寿白沉浸在文字中，呓语般地说道，"就是说要以白话来传播思想、启迪民智？"

"没错，不过我们所能做的，还不仅仅如此。"

史寿白的注意力从报纸上转移出来，看向孙翼中："孙先生，有何筹谋？"

"这份报纸的创办经过，我也略有参与，办报资金皆由同道中人募集而来，要想使事业承续下去，资金是一大关键。我想在书院内发起募捐，所得钱额用于购买报纸，然后再由我们将报纸分送给一些机构或个人，于传播之途略尽绵薄之力。"

"好啊！"史寿白极为赞成，"若说写文章，并不是人人都可做得，但孙先生的这个提议，全书院的学生都可参与其中。"

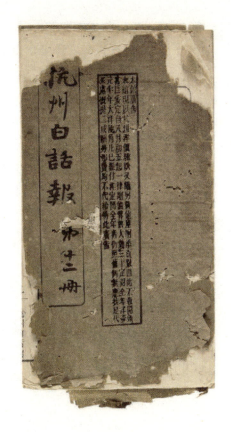

《杭州白话报》（第
十二册）集子书影

"事不宜迟，那我们明天晌午就在院内进行第一次募
捐活动！"

"对了，孙先生，你刚刚说也有文章见报，不知是哪
一篇啊？"

孙翼中不自然地扭动了一下身体，手指在一个名字
上点了点："江东雄次郎，正是在下！"

"这个名字果然豪气！"史寿白的眉眼弯了起来，将
后半句话留在了心里，"却也难脱稚气啊。"

翌日正午，孙翼中在课舍前的空地上搭起了一个台子，一张大而宽的板子上夹着《杭州白话报》，竖立于台上。励志社来了三四个学生帮忙，史寿白自然也在其中。

"各位，有紧要的事！"孙翼中声如洪钟，吸引了来往之人的注意，"我辈投身学问，不为个人名利，当为报效祖国。今日之局势，犹如暗夜摸索，须得高举火把，以光照亮前程，方能走出长夜。今日杭州城内诞生第一份白话报，就是炸开黑夜的一把野火，我呼吁大家以募捐的形式购买，再由我们将所购报纸分送各处，以冀推动光明之播撒！"

史寿白看着围观的众人，神色约可分为三种：一种是难掩激动，快步上前看报、掏钱；一种是稍显迟疑，只在报纸前左看右看，并无行动；一种则是眼露鄙夷，语带嗤笑，"这报纸怕是你们自家的吧，用大家的钱为你们买账，煞是聪明啊"。

有励志社的同仁愤慨难平，欲站出来与其理论，被孙翼中拉住了。孙翼中好像对此早有准备，语气老到而恳切："我们的募捐全凭自愿，绝不强求，你说这份报纸是我家的，也对也不对。对呢，是因为国之前途，人人相系，何况这份报纸是由我求是前辈所办；不对呢，是因为这报纸的营收实在与我等无半点关系，君若不信，自可明查。"

一片掌声响起，挑衅者悻悻离去。

同样的情形在赠送报纸时又出现了。史寿白与几位同学在杭州城最为热闹的街头，向过往行人递送报纸，一位身着长衫的长者猛地将报纸推回，对着史寿白怒气冲冲地说道："造谣生事，惑乱人心，汝等是何居心？如此还嫌不足，竟于光天化日之下妄图牵扯百姓入你毂中，更是该杀！"

史寿白只觉一股气血涌入大脑，唇干舌燥，手也控制不住地哆嗦起来，身边的几位同学一起过来拢住他，不住地用眼神示意。他懂，他全都懂，可是憋闷的感觉依然在胸腔中来回激荡。这厚而阴寒的黑云，真不知何日才能驱散！

回到住处，史寿白将剩余的报纸啪地摔在桌上，紧跟其后的孙翼中嗤地笑了一声，像一滴水落在烧红的铁上，刹那间消散。

史寿白的眼中似是要射出火来："这些沉睡装死的人！总有一天，他们会明白、明白……"

"是的，终有一天他们会明白，舍生取义究竟是为何？为民请命究竟是为何？所以我们犯不着愤怒，也用不着悲观。"

史寿白的脸红了一下，为自己不得体的冲动。孙翼中温暖的大手握了握他的上臂："别气馁，人心之改变岂是一朝一夕可完成？时局的转变又岂可一蹴而就？"

太阳划入了地平线，史寿白看着逐渐消失的光线，止不住的落寞充溢胸中。他再看看孙翼中，发现最后一点光芒在孙先生的眼中跳了一下，仿佛很用力似的，心思又活络起来，许多念头慢慢地浮上来，像春水中的小虫，带着一丝生气。

一石激起千层浪

风起于青蘋之末。看得见的，看不见的，都在悄然转变。

白日越来越长，尤其到了正午，火红的太阳毫无遮掩地悬在头顶，只引得人昏昏欲睡、四肢乏力，连蝉也无法忍受这逼人的热浪，在树上声嘶力竭地叫着。从京城传来的消息，亦让人透不过气来，自清廷对八国联军宣战以来，毫无应对之力，竟至于节节溃败。书院内人心浮动，不同的政见和立场使满族与汉族学生之间的关系愈趋剑拔弩张。

按照励志社的规矩，一、二班学生每周会指导五、六班学生完成文课竞作，文课的题目则由一、二班班长自行决定。这周的题目，史寿白一直没有想好，在住舍走来走去，想起一个旋即否定；刚有一点雏形，还未待仔细揣摩，又立刻感到不甚满意。心中似有一个调皮的精灵，你知道就在那里，但无法精准地摹画出它的形神，焦急当中心痒难耐。

"何不请教孙先生？"心中的念头一冒出，史寿白像抓到了救命稻草，抬腿就走。

孙翼中正伏案疾书，燠热的天气对他没有一点影响，史寿白看到他的前襟和后背已濡湿一大片，额头上不断有细密的汗珠冒出，顺着两鬓往下流去，史寿白有点犹豫了，不知该不该打扰他。踟蹰之际，孙翼中的笔停下了，侧过头来自言自语，可能是思路卡壳了。这一停，眼神便瞥到了史寿白。

"我正在给《杭州白话报》写稿子，听林师说，报纸近来反响不错，看来我们的工作没有白做啊！"

孙翼中不经意的一句话，反倒让史寿白无法应答，他知道自己曾愤懑过、动摇过，这些心思使他在这句鼓励的话语前羞愧难当。"那就好，那就好……"他语塞词穷了。

"找我有事？"孙翼中看出了什么似的。

"哦、哦，是这样的，这周的文课后天就要开始了，但是题目还未定下来，想请孙先生点拨一二。"

孙翼中放下笔，透过窗户看到天空一碧如洗，一只燕子迅速掠过，成为万顷蓝光中一粒小小的黑痣。"这几日，我一直在思索一个问题，满人身居高位，对汉人多有提防之心，此情形由来已久，人人视之为自然。然而，谭嗣同等人被斩杀于菜市口，究其根本，是防汉人还是保皇权？别的不说，就以本院为例，八旗子弟嚣张跋扈，所假借的靠山是谁？"

史寿白不太明白孙翼中的意图，底气不足地说："是其官位？抑或爵位？"

孙翼中轻轻摇头："先前我也是这样认为的，但林

《申报》（1931 年 2 月 16 日）载《新闻记者的故事》中包括孙江东（翼中）《罪辩文》的故事

师的《俄土战记》引我向更深的层面思考。掌权之人的权力何来？背后所依托的是日积月累而牢不可摧的形制和约定俗成继而深入人心的观念。此二者不变，则永无真正的变革。"史寿白的脖子哽了一下，轻微到几乎看不出，好像将欲吐出的话语咽了下去。孙翼中没有在意，话锋一转："关于这次文课的题目，我想不妨从身边习以为常之物入手。汉人束发，满人垂辫，被发左衽，实一辫之罪也，就以'罪辫文'为题，你看如何？"

　　史寿白有些错愕，这是一个非常大胆的题目，出乎他的意料，原来在平和的外表下孙翼中极为妥当地隐藏着他的机锋，像雾气浓重的夜晚，伺机而动的野兽一般，窥伺着四周，于暗处摩拳擦掌，极有耐心地等待着。"孙先生，你提出的这个题目，还真是让我对你刮目相看，静水流深，汹涌的波涛隐而未见啊！"

孙翼中不作辩解，觑了史寿白一眼，语调中难掩笑意："我最欣赏的文学大家东坡先生教我，'山高月小，水落石出'，万事不可急于求成而时可待也。就以这次的文课，来探探水之深浅吧。"

文课结束后几日，史寿白察觉到气氛的微妙转变：走在书院中，用异样目光打量他的人多了起来；在课堂上，只要他站起来发言，下面窃窃私语就停不下来；就连吃饭时不经意地一抬头，都能看到隔了几排仍有人一面飞快地扫他几眼，一面热切地说着话，眼神中的不屑像树枝上的小刺，没有大伤害，却让人心里窝火。很快，他便发现了其中的"玄机"，这些人多为八旗子弟，他们的敌视与"罪辫文"脱不开关系。"我还怕你们不成？"史寿白对这样的行为极为不齿，无奈一时之间找不到回击的方法，只得闷头坐在房舍中。

一阵风吹来，掀起了桌上的书页，是五、六班学生交上来的文课作业。翻开的书页上，"本朝"二字发出极刺眼的光芒，史寿白觉得胸口一阵热血翻滚，拿起笔重重地在其上画一条黑线，略加思索，大笔一挥，落在书页上的"贼清"黑字力透纸背，心口方才舒服了一些。他想起在闹市街口发报纸时遭遇的白眼，想起阴阳怪气的质疑，想起故作高明的隔岸观火姿态，渐渐有了一个不甚清晰的领悟：历史所要吸走的不仅仅是这些，它需要的是血与火的战歌，是肉身前赴后继的牺牲，是杜鹃刺破胸膛般啼血的呼喊。一句话，历史的新光明来自黑暗的炼狱。

求是书院界石

　　窗外没有一点声响，除了远方传来的阵阵蛙鸣，一弯残月高挂，将光辉洒在了史寿白的眼里、脸上和身上。他心中平静了一些，尽管这平静如残月一样虽清幽但欠着完美。

在最深的夜等待黎明

监院陈仲恕（即陈汉第）已在房舍中坐了半个时辰，他在等史寿白下课。自光绪二十四年（1898）七月正式担任求是书院监院以来，他把主要的精力放在选派学生留学日本上，求是书院派四名学生赴日，成为全国各省派往游日之首倡，令他十分自豪。不过今日他遇到了监管书院以来最为棘手的事情。

史寿白将文课作业中的"本朝"改为"贼清"一事，原本只是在书院内引起了骚动，陈仲恕和总办林启本想尽力将此事压下来，万没想到有几位八旗子弟对书院"大事化小，小事化了"的态度根本不买账，又通过关系，将状告到了现任巡抚任道镕那里。所幸任大人念在前任巡抚廖寿丰和知府林启的情面上，无意声张，只以一封密函，敦促书院尽快平息此事，万不可再闹出大动静来。

陈仲恕的心情是复杂的，他亦有理想，可这理想就像惨淡的月光，常令人沉浸在一种渺茫的难受中。"罪辩文"一事，不少老师也来找过他，备受学生尊崇的宋恕就是其中一位。宋先生的意思很明确，史寿白等人不应受到惩罚，臧否时事，何罪之有？戊戌的失败，已经使人心寒，若此次听从那些旗人子弟的挑衅，则无异于雪上加霜，使漂浮不定的人心更加涣散。此番话令陈仲恕进退两难，于情于理，他都同意宋先生的意见，但旗人势力根基深厚，不可不顾及。逞一时之勇固然快意，但倘若因此将书院陷于风暴中，又如何收场？

"陈先生——"史寿白来了。挺拔的身影立于门下，追随在他身后的阳光被突然停下的脚步挡住了路，无处可去，在他的身体四周泛起了微尘的光芒。

"请坐，"陈仲恕打算开门见山，"关于'罪辩文'一事，院内一些学生闹得很凶，虽然前几日我们已经公开对你进行了训诫，但仍无法平息。当然了，事到如今，我们都清楚攻讦点早已不仅仅是你所写的那两个字，很多师生都站在你这一方，激怒了反对者，使事情发展到几近无可收拾的地步。"

史寿白的心咯噔一下，他不后悔自己的冲动，但并不愿书院难堪，也不想牵连那些支持他的老师和同学。一层迷惘的神色浮上了他的眼，他求助似的看向陈仲恕。

"你可曾考虑过离开书院？"

史寿白吓了一跳："这是要开除吗？"

"不是开除，是你自己主动离开。书院已经选派多名学生赴日留学，现在虽不适合以书院的名义举荐你，但你可以自行前往。"

两人同时陷入了沉默。未几，陈仲恕补了一句："这是我能想到的最好的解决方法。"

史寿白的眼皮跳了几下，他有些紧张，也有些迟疑，可是在这紧张与迟疑之中还包含着一丝兴奋。"日本——"史寿白对这个名字并不陌生，孙翼中提过，报纸上也看过，很多维新思想都来自这里，他也知道有不少青年负笈东渡，"可是我恐怕无法承担留日的费用。"

"这个无碍，我会想办法募集。"

史寿白看到了陈仲恕眼中的期盼，郑重地点头："多谢陈先生。"他觉着自己还应该再说些什么，可是话语都跑到嘴边，挤成一团，怎么也出不去。

陈仲恕看着对面一双年轻的眼，感到似曾相识："你自己先准备一下，钱我会尽快筹齐。"他想起来了，是幼时在乡下看到的振翅飞起的雏燕的眼睛，凶猛的鹰、陡峭的山谷、无情的风雨，在前方等着它们，可也吓不倒它们。

史寿白将要留日的消息很快传遍了全院，昔日交好的同学纷纷来看望他，有的留下赠言，有的留下银钱，还有几位索性表示自己不日也将踏上和他相同的旅程。大家全都为他鼓气，使他忐忑的心略微放松了些。同仁之中，最牵挂他的无疑是孙翼中，不但隔三岔五就来关心他的筹备情况，还是最后送他登上赴上海的火车中的几人之一。

在日本安顿下来没多久，史寿白就收到了孙翼中的来信：

皋斋（史寿白号皋斋）吾弟惠鉴：

来函收悉，知弟已在日安排妥当，实感欣慰。然旅途奔波，还望多加休息。

　　自弟离去后，书院内发生了不小的震荡。宋恕师为弟之遭遇甚感不平，渐生去意，听闻或于冬日离开。励志社也濒临解散，诸君各谋出路，如李斐然、许寿裳、钱家治、袁毓麟等，先后步弟之后尘，如今想必已在日开始了新的生活。同学之中，有一人名为陈庆同（即陈独秀），因反满思想尤巨，遭追捕而被迫离校，此事在学院内甚为轰动，令吾等于同情中钦佩至深。

　　国内局势亦不太平。《辛丑条约》之签订，使吾同胞的信心一落千丈。其余也皆是令吾等心痛之事，还是不多说了。只说一件与吾等关联的事，书院更名为大学堂，古人云"名不正则言不顺；言不顺则事不成"。此次更名究竟会带来怎样的改变，吾不愿妄加揣测，但也没有多大的期待。

　　国内的事业频频受阻，如今看来，弟赴日不失为明智之抉择。吾在亲朋的规劝和鼓励下，也决定走弟之一途。各项事宜均在筹措中，如不出意外，下月即可抵达东京。

　　吾在日住宿处还劳烦弟代为留意，不胜感激。

　　敬颂

台安。

孙翼中

十月六日

　　史寿白把信轻轻地放于桌上，风寒料峭的异乡夜晚，这封薄信似带有几许暖热。同样令他感到温暖的，还有近日来得到了不少原励志社成员的联络，大家酝酿成立

浙江大学紫金港校区内的求是大讲堂

新的组织，去继续他们未竟的事业。他的耳中仿佛听到
了神圣的呼召，为回应这呼召，他以及他的朋友们，在
心上奏出了民族复兴的乐章。

———

　　光绪二十八年（1902），史寿白、孙翼中等原励志
社在日成员在东京成立励志会。该年冬天，励志会中的
激进分子又从中分化出来，蒋方震、王嘉榘、陈独秀、
叶澜、董鸿祎等二十余人在东京发起成立中国青年会。
与此同时，求是大学堂更名为浙江大学堂。第二年，按
照清廷学部要求，改名为浙江高等学堂。被晚清立志革
新的官员寄予厚望的求是书院几经动荡，终成为今日浙
江大学的前身。昔日的求是学子，也纷纷离开书斋，走
上了金戈铁马的报国之路，与他们的母校一起，在历史
长河中留下了不可磨灭的印迹。

竺可桢塑像

浙江大学紫金港校区

050

林启为书院所命名的"求是"二字，取自《汉书·河间献王传》中"修学好古，实事求是"，意为"务得事实，每求必真"。20 世纪 30 年代，经时任浙大校长竺可桢先生的阐述发挥，求是精神延伸拓展为爱国奉献、勤奋务实、追求真理。求是精神也是现今浙大校训"求是创新"的思想根脉。这种"只知是非，不顾利害"的坦荡之心、磊落之气、浩然之志，塑造了一代代浙大人的精神风范，激励和指引着他们献身科学、服务人民、报效祖国，谱写了一页又一页辉煌的篇章。

求是书院历史沿革情况

光绪二十三年（1897），浙江巡抚廖寿丰在杭州蒲场巷普慈寺创办求是书院，杭州知府林启为总办，美国人王令赓为总教习。设内、外两院，初招生三十人，后增至一百人。

光绪二十七年（1901），求是书院改称浙江求是大学堂。次年，改名为浙江大学堂。

光绪二十九年（1903），又改为浙江高等学堂。设预科、正科，正科分文、理两类，并设师范科和师范传习所。招收名额逐渐增加。

1912 年，浙江高等学堂改称浙江高等学校。同年，教育部决定停办高等学堂，改设大学预科。

1914 年，浙江高等学校停办。自求是书院创办至此，共计十八年。

1927 年，全国设四所中山大学，其中第三中山大学设于杭州，并在浙江、江苏试行大学区制。同年 8 月，在求是书院原校址成立国立第三中山大学。

1928 年 4 月，第三中山大学改名为浙江大学。7 月，更名为国立浙江大学。8 月，增设文理学院。

1929 年 6 月，大学区制停止试行。8 月，浙江省教育行政职权移交给浙江省教育厅，浙江大学遂成为直属中央的高等学府。

1937 年，受战事影响，浙江大学频繁迁徙，先是迁至建德，后搬往江西吉安、泰和两县。1938 年 8 月，又迁往广西宜山。1940 年 2 月，在贵州湄潭县恢复上课，直至 1945 年抗战胜利，共计五年。1945 年 11 月，陆续返杭复课。在修复、扩充校舍的同时，增设院系，至 1948 年 3 月，共有文学院、理学院、工学院、农学院、师范学院、法学院、医学院等七个学院二十五个系，还有九个研究所、一个研究室。

1952年，全国高等学校院系调整时，浙江大学部分系科转入兄弟高校和中国科学院，留在杭州的主体部分被分为多所单科性院校，后分别发展为原浙江大学、杭州大学、浙江农业大学和浙江医科大学。

1998年，原浙江大学、杭州大学、浙江农业大学、浙江医科大学合并组建成新的浙江大学。

本章主要参考文献

1. 《浙江省杭州府志》卷十七《学校》，成文出版社有限公司，1983 年影印本。

2. 廖寿丰：《请专设书院兼课中西实学折》，《实学报》第 1 册，光绪二十三年八月。

3. 钱均夫：《求是书院之创设与其学风及学生生活情形》，载浙江省政协文史资料委员会编《浙江近代著名学校和教育家》（浙江文史资料第四十五辑），浙江人民出版社，1991 年。

4. 郑晓沧：《林启对近代浙江教育的贡献（节录）》，载浙江省政协文史资料委员会编《浙江近代著名学校和教育家》（浙江文史资料第四十五辑），浙江人民出版社，1991 年。

5. 杭州市教育委员会编纂：《杭州教育志（一〇二八——一九四九）》，浙江教育出版社，1994 年。

6. 许高渝编：《从求是书院到新浙大——记述和回忆》，西泠印社出版社，2017 年。

7. 邵祖德、张彬等编纂：《浙江教育简志》，浙江人民出版社，1988 年。

8. 《浙江省教育志》编纂委员会编：《浙江省教育志》，浙江大学出版社，2004 年。

9. 张彬主编：《浙江教育史》，浙江教育出版社，2006 年。

10. 许建平：《浙江近代最早的高等学校——求是书院》，《杭州大学学报》（哲学社会科学版）1987 年第 2 期。

11. 童然星：《求是书院与求是精神》，《华夏文化》1999 年第 3 期。

12. 沈文华、李金林：《求是精神——百年浙大之魂》，《学校党建与思想教育》2004 年第 5 期。

13. 杨渭生：《林启与求是书院》，《杭州（下半月）》2009 年第 11 期。

14. 庄明水：《林纾的教育实践和教育思想评介》，载《纪念〈教育史研究〉创刊二十周年论文集（2）——中国教育思想史与人物研究》，2009 年。

15. 刘训华：《清末浙江学生群体与近代中国》，博士学位论文，上海大学历史系，2010 年。

16. 钱均夫：《杭州求是书院罪辩文案始末记略》，载中国社会科学院近代史研究所近代资料编辑部编《近代史资料》（第十二册），知识产权出版社，2006 年。

17.《国立浙江大学沿革表》，《国立浙江大学校刊》1947 年第 2 期。

18. 杨亚东：《清末杭地官绅对新式学堂的应对——以浙江求是书院为例》，硕士学位论文，浙江大学人文学院，2014 年。

第二章

西湖岸边的蚕学馆

困扰知府已久的心事

　　熙攘的人声不绝于耳，带着烟火气息飞到酒馆二楼。林启正与两个儿子坐在店内，一边举箸用餐，一边看着楼下热闹的市集。"父亲，这杭州的市集果然名不虚传，货物齐全，交易繁盛。"大儿子的眼仿佛粘在了楼下的货摊上。林启也很想仔细看看这杭州的市集，借以深入而实际地了解，便对儿子们说："我们何不去逛逛？"

　　三人一步入街市，即被琳琅满目的货物吸引了注意力。各色的蔬菜瓜果，花花绿绿的绫罗绸缎，香飘四溢的茶点小食，达到了奇妙的和谐共处。各式招牌在沿街店铺的窗户前一排排排列下去，被风吹起的黄龙旗夹在中间，透过旗子的顶部依稀看到了灼人的日光。

　　林启走进了其中一家绣庄，掌柜飞快地扫了三人一眼，就从衣着打扮上判断出非富即贵，殷勤地迎上前："三位老爷，想看什么衣料啊？"

　　林启的小儿子摸了摸柜台上的丝料，对掌柜说道："此丝甚是顺滑，是本地丝吗？"

　　掌柜的笑容快要挤到耳朵边了："老爷好眼光啊！

这是从东洋进口来的，本地货绝不会有这样的光泽和质地。"

林启不解："我听说湖州辑里丝富于拉力，色泽洁白，丝身柔润，怎么会不如东洋货呢？"

"老爷有所不知，湖州丝确是质地上乘，但这生产方法和东洋根本没法比，时好时坏，丝质极不稳定，我们做买卖的败不起这个口碑。"

林启缄默不语，转身走到了隔壁的一家绉纱店。店里站着两个年轻的姑娘，土布衣服，面孔黝黑，每人挑着两担蚕丝，苦苦哀求："掌柜的，行行好收了我们的丝吧！"

掌柜连连摆手："不是我不收，是收了实在卖不出去啊，前几个月收上来的蚕丝染整后颜色不均，还有不少断线，没人要，至今还堆在仓房。"提起积压的货物，掌柜的脸像快滴出雨来的乌云，也没心情再与乡下姑娘啰唆了，几步跑到林启面前，招呼道："老爷，进来看看。"

林启打量店铺四周，问道："有本地丝吗？"

掌柜有些忸怩："有是有，不过您看过货之后恐怕不太想要。"

"为何？"

"不瞒您说，外邦蚕丝不论是原丝，还是织造工艺，都胜于本地土丝，现在市面上愿意购买土丝的人越来越少。"

林启面露不悦。

曲院风荷内的蚕学馆旧址

"您等等，"掌柜误以为是待客不周，回身进入内间，捧出一匹纱料，往货架上一放，"您若不信，可以比比。"

大儿子俯下身来，极仔细地看，又用手摸了几下："父亲，果真如此。本地丝条纹太粗，均匀度也不及外邦丝。"

小儿子说出疑惑："江南丝织品远销海外，为何在本土反倒不受欢迎呢？"

这一问，好像戳中了掌柜的心："这几年，往外销的也减少了许多，说是我们的蚕种差，缫出的丝也不适用于机器生产。这具体的原因，我也搞不懂，怎么老祖宗的方法就行不通了呢？"

店外此起彼伏的叫卖声、吆喝声突然变得刺耳起来，林启冲儿子们挥了挥手，示意离开。本地桑蚕遇冷他早已知晓，只是未曾料到已呈如此颓势。江南土壤肥沃、气候温和，宜于蚕桑生长，昔日鼎盛之时杭城郊区绿桑遍地，农户无家不养蚕。今日从绉纱店里两位乡下姑娘的窘境，完全可以想象出桑农境况之惨。忧心之痛压在心头，令林启无法淡然视之："你们回去之后，去乡间走走，看看蚕的养殖实情，最好是能了解清楚弊病所在。"他不信任底下官员的上报，粉饰太多，还是交由孩子们作一个彻查为妥。

几天后，两个儿子风尘仆仆地回到了府里，正迎上父亲焦灼的期待的眼。"父亲，我们走了周边好几个乡村，看到许多农民都把蚕种大把大把地扔掉。"大儿子开门见山，他了解父亲的品性，遮掩、矫饰都不如直陈事实对他胃口。

"怎么回事？"林启语调发颤，又惊又怒。

"说是蚕种染病，只吃桑叶不吐丝，即便吐了，丝质也极差，根本卖不出去。"

"染的是什么病，问清楚了吗？"

"我们特意去问了城内的一家东洋缫丝店，"小儿子受过几年西式教育，颇有几分研究精神，"说是微粒子病，此病源于一种病毒，极微小，借显微镜之力可辨别出病蚕。此病不烈，故极难辨认，然而凡病茧所发之蛾产的卵，即遗传此病，翌年由此卵孵化之蚕，必含病毒。"

"原来症结在蚕种上，你方才说的显微镜是何物？"

"是西洋的一种新器具，构造极精密，其中体积较小者可置于桌上，显微镜载物台上放物，上下端有玻璃镜孔，通过上端镜孔可看到所放之物极为细小的部分，也就是目力所无法看到的内容。"

"就你所了解，欲治蚕病非用此物不可？"

"确实如此，"小儿子的神色郑重起来，"除此之外，还须学习鉴定之法及治疗之术，非专业持续之教育而不可得。"

"我们还了解到，土法缫丝粗细不匀，胶质坚硬，远不如东洋丝，致使价格一降再降，蚕农叫苦不迭。"大儿子补充道，"缫丝之法似亦有学习之必要。"

林启蹙眉，从蚕种、饲养到制丝，一个环环相扣的复杂过程，不是一纸政令能够扭转的，也非三五天可期改变。最关键的是人，什么人来养蚕？必得是懂得新法之人，塑造之途，唯有教育。想到此，立时心中澄明，浓雾散去，露出了胭脂色的薄云。

大儿子觉察出父亲神色的变化，问："父亲，您是否想到了改变的法子？"

"我想奏请朝廷，建立一所专事蚕桑养殖方法的学堂，教授洋人的技术。不过，这只是一个初步设想，具体方案还待筹谋。"

两个儿子对视一眼，眉间掩不住笑意，小儿子说："父亲，我们极赞同您的想法。而且我们还有一个提议，在回来的路上，经过西湖金沙港时，发现此地多有空屋，且游人稀少，若要建学堂，不啻为一个好处所。"

事情的构想越来越明晰。"甚妥，甚妥。"林启低语，似是说给孩子们听的，又似是说给自己听的。

一个想法的孵化

　　夏日的晴空蓝得近乎翠绿，一片红霞隐入白云身后，太阳渐渐升高，鸟儿鸣啭不停。柳梢被风吹起，摆动着绿色的金光，从窗前扫过，将光带到了一位临窗而坐的男子身上。他身体略微前倾，以一副谦卑的姿态看着对面的知府林启。林启端起茶杯，呷了一口，用慈爱的口吻对男子说道："啸桐，我今日请你来，是有一事要与你筹谋。"高凤岐点点头，等待着接下来的话。

　　"我想在杭州建立一所专门讲授养蚕之法的学堂，虽然心中已有构想，但眉目不甚清晰，还望你能帮忙。"

　　"大人具体有何要求？"

　　"素闻东洋蚕丝销售范围极广，中日蚕业优劣如何，尚需详察详举。"

　　"大人是有意学习东洋蚕学？"

　　"东洋与我邦地理相近，近来又在蚕丝市场上屡屡夺我份额，我思虑许久，又派小儿勘访，认为从东洋蚕学入手最为直接、便捷。"

"大人，此事不难。张季直（即张謇）创有蚕务学堂，师资、教材、章程一律参考东洋。穰公（汪康年）的农学会对其了解颇深，还曾抄取章程以作收集。我们可致函穰公详加咨询。"

林启喜形于色："如此一来，我的心里踏实了许多。啸桐果然可堪重任啊！"他突然意识到，这种感叹前曾有过。两年前（1895）自己还在衢州知府任上时，高凤岐在林纾的引荐下，第一次拜访他。那时高、林一行刚刚从京城回来，在参加科举会试的几日，遭逢朝廷与日本签订《马关新约》（即《马关条约》），群情激愤下，他们也在康有为发起的《上今上皇帝书》上签名，并跟随众人到都察院门前请代奏。在林启府上谈及此事时，高凤岐的目光就像要喷出火来，他的愤怒与痛心是紧密连接在一起的，涨红的脸上是一双冰冷的眼，对前途的迷惘似薄雾在他身上缠绕不散。林启看出了他的满腔热血，便劝说他担任幕僚，帮助自己革新吏治、兴办教育。"兴许这才是当下唯一的正途。"就是这句话，像落入深潭的岩石，激起了高凤岐的心气。隔年，准备妥当的高凤岐，带着自己的二弟、三弟和学生林白水来到杭州，全力协助林启。

"大人，"高凤岐打断了林启的回忆，"关于筹设养蚕学堂的禀文，您是否已拟好？"

"我正在酝酿，不过关于养蚕学堂的主旨尚未明晰，观如今蚕桑之市，有待革新和弥补之处颇多，如何理繁乱、抓肯綮，尚需推敲。"实际上，这禀文已经困扰林启多日了，话不能多，也不宜少。多了，显得本土蚕业一落千丈，恐引来不必要的麻烦；少了，又令学堂的创设依据不足。如何拿捏，确实为难。

"凤岐有一建议，日前听说上海有一《农学报》影响

《申报》（1897 年 11 月 4 日）刊登《论中国整顿蚕桑宜先设养蚕学堂》，文中言及林启请筹款创设养蚕学堂事极大，举凡农事无所不包，体现的思想激进，译介了不少日本农书。其创办者名为罗振玉，与穰公有来往。若可通过穰公征询罗氏关于办学之意见，想来应有启发。"

浮云掠过，一碧如洗的晴空上，日光愈发明耀。林启的心中，也似这般敞亮。

未几日，高凤岐便带来了汪康年的回复。依照汪氏之见，在蚕务学堂正式开办之前，应先行派人赴日学习技术，作为学堂的师资储备。若仅请日人担任教习，不是不可，但从语言和对浙江养蚕实际情况而言，恐有隔膜，使教学效果大打折扣。此亦是罗振玉的想法。信末，附上了张謇制定的蚕务学堂章程，以供参考。

来信言辞恳切，没有一句虚话，看得出用心甚笃。林启在感怀之余，也有疑惑自心底飘然而上。选派学生赴日，确实必要，但经费所限，最多只能先行选送两三人。究竟该指定何人，尚难定夺。在林启的心中，自是应该"为蚕选人"，但他也十分清楚，此消息一旦放出，同乡、亲朋上门求去者断不会少，届时婉拒、推脱倒还好说，如何择到无争议人选以平息众人之口，非费一番功夫不可。想到此，眉头不自觉蹙起来，头也感到阵阵发疼。林启揉了揉眼眶，试图放松下来，事情不过是一样一样去做，"行到水穷处，坐看云起时"，虽有万般难，幸得同僚、师友热情相助，不妨先将禀文呈上，若能得到巡抚廖大人的首肯，则一切筹备事宜也可顺利推进。

最唏嘘人生薄暮

　　一步入巡抚内院，林启便闻到了一股似有若无的中药味，连带着呼吸的空气中也仿佛掺杂苦味。廖大人并未如往常一样端坐于堂中，下人将林启引进厅堂入座，悄无声息地退下。空寂的厅堂中，只留下林启一人。天上的余光未退，堂中的烛火已点，给桌椅、字画都蒙上了一层光晕。院中的柳树、池塘在逐渐暗淡下来的光线中失去了色彩，从林启的坐处望去，宛如一幅极大的水墨画，围墙之上是一抹青山，荷花尖上停着一只蜻蜓。

　　林启正在欣赏这幅画，忽见一名老人在旁人的搀扶下走入了画中——是廖大人。他看着廖大人慢慢落座，诚惶诚恐地问道："大人，几日未见，您的身体可安好？"

　　廖寿丰极坦然地一笑，和水墨画中经常出现的智者神情并无二致："年龄大了……不碍事，上个月呈上的关于设立求是书院的奏折，听京城的同僚说，圣上极为赞成，想必不日就可收到诏令。求是书院若果能顺利建成，真是了却我一桩夙愿，这其中贤弟出力不少，虽说都是为了天下黎民百姓，但于私可说是万分感谢。"

　　林启双手作揖："不敢不敢，都是卑职应尽之责。"

"贤弟不必客气，诚乃我肺腑之言。先前我为创立新式学堂奔走日久，深知其中诸种阻碍，自贤弟就任以来，方才得偿所愿。"

"求是能得到圣上同意，是大人多年来所积之功，卑职不过是照章办事，岂敢自大？"廖寿丰几年前即与汪康年等维新人士共商改良教育，林启对此心知肚明，他不是客套，而是敬仰这位巡抚大人的人品和格局。若换一人，自己的那些设想也不是没有落到实处的可能性，只是所经历的波折定不会少。

"孟郊结识韩愈，究竟是谁之幸呢？"廖寿丰哈哈一笑，将许多不尽言之意寓于笑声中，"还是说说你近来对蚕桑之业的筹划吧！"

林启心领神会，拿出了拟好的《请筹款创设养蚕学堂禀》。廖寿丰将蜡烛移近，边看边读了起来：

......

东方蚕业，日本进步最猛，由其采取外国养蚕成法。查三十年前法国蚕子病瘟，蚕种将绝，因创设养蚕学堂，用六百倍显微镜考验种种蚕瘟，并讲求养蚕各法，日人一一仿行，遂以夺我中国蚕利。西人考验中国蚕子亦有瘟病，以致出丝不旺，厘税既未能减，蚕业遂以中衰。

......

按中国出洋土货，以蚕丝为最，蚕丝以江浙为最，浙中以杭嘉湖为最。就时局而言，为中国之权利；就王政而言，为百姓之生计；就新法而言，为本源中之

蚕学馆

本源；就浙省而言，为切要中之切要。

……

如蒙俯准所请，乞即筹款开办，计一面寄洋购器，一面择地开局，往返辗转，于明岁新蚕方能及事。

……

廖寿丰放下禀文："蚕桑不振，对浙人的打击几于致命，土法早已不再适用，是时候改变观念了。贤弟了解极深，思虑极全，关于成立养蚕学堂一事，我全力赞成，不过——"廖大人停顿了一下，林启心中一紧，"我担忧土法根深蒂固，要改变非一朝一夕可成，更有甚者，会招致农人的反感和抵触，萧绍地区曾因要求农民买洋蚕子而触发风潮，贤弟要做足准备啊！"

廖寿丰脸上的皱纹深如沟壑，唇色发白，说话间唇边的胡须也跟着颤动。林启到现在才发觉，廖大人比前些日子似消瘦了几分，唯有那双眼睛依然黑亮，眸中的光芒如此刻的夕照，有一种抚慰人心的功效。林启突然为自己的到访而后悔，他疑心是否打扰了大人的休息，可是又一向不擅长说那些嘘寒问暖的话。他知晓大人的苦心，因此只给出一句简短有力的回复："请大人放心，卑职一定考虑周全。"

走出巡抚衙门大门，林启忍不住回头，深红色的大门庄严未减半分，一声杜鹃的啼叫传去远方，充满了深远而不尽的意味。

大时代里的小人物

　　杭州府即将开办一所养蚕学堂的消息传遍了全城，在"秋老虎"的炎热中发酵。知府衙门前贴出了公告，在学堂开学之前，会先遴选两名学生赴日学习养蚕技术。凡具备一定养蚕经验，且聪明笃学者，皆可报名，官府会从中择优选拔。

　　接连几日，特意赶来看公告的人络绎不绝。自然，谁的心里都清楚，这是一个绝好的机会。江南民众多以养蚕为生，能以官费留日学习东洋技术，在生计日益艰难的社会里，无疑是得到了衣食无忧的保证，何况学成回来还有留校做教员的机会。前有江生金的活例，已让大家清楚看到了此条道路的前景。江氏原为浙江海关附设的养蚕小院的一名雇工，光绪十五年（1889）被宁波税务司的德国人康发达选中，前往法国学习养蚕技术。据说他在法国学到了制造无病蚕种的妙方，因此回国之后即从小工一路擢升，声名、钱利双收，关键是能在动荡不安中顺顺利利、平平稳稳地活着，那种一觉醒来四壁有靠的安适，谁不眼馋？

　　站在公告前的嵇慕陶（即嵇侃）就是这样想的。二十七岁的年纪了，正当壮年，要扛起养活一家人的重担，肩膀在重压下磨出了血，可生活依然只能用惨淡形容。这不单是他个人的窘境，也是千千万万普通百姓的缩影。他上过几年私塾，后来由于家里的财力实在无法支撑，只得放弃；也跟着父母种地、养蚕，但无一样可给予丰厚的回报。幸运的是，他还不算老，一切都有改变的可能。他有心气，有志气，也有骨气，在看到公告的那一刻，便下定决心用力一搏。

报名、测试、面谈，一应按照程序进行。秋风乍起时分，嵇慕陶收到了录取函。看着函上飞舞的墨字，他想起了今年除夕夜在院中接神时，天下起了雪，雪花落入蜡烛火光的圈里，在奔向烛心的刹那消失不见，于一片漆黑中划出一道金色的光；雪下得频密，竟给人火树银花的错觉。这一幕在他的记忆中格外深刻，使他相信今年的神仙真的由天上来到了人间。

由于另外一名人选迟迟未定，官府命他单独动身。行囊本就简单，他告别了家人，半带踌躇半带忧虑地登上了开向日本的轮船。航行几日，与同舱的几位乘客话都说尽了；船外是永远不变的海水，也看厌了。烦闷的心绪持续低落，终成了苦闷，即将抵达语言不通的异邦，他突然不自信了，渺茫中仅存一丝期望支撑着他。

在嵇慕陶起身赴日本之时，林启还在焦灼地寻找另外一个留学人选。报名应考的学生中，再无中意之人；同乡亲友及浙垣门生所举荐的人，唯恐名不副实而不敢采纳。他托高凤岐四处留心，终于觅得一位可心之人——德清秀才沈锡爵。林启私下观察过，此人养蚕甚熟，品性实在，亦有悟性，似可选用。但此次选派毕竟是为了养蚕学堂日后储备师资，不得不慎重，若学业不佳或学成之后另谋高就，则损失大矣。

嵇慕陶

　　举棋不定之间，林启接连收到了汤寿潜和汪康年的来信，信中都写到已为他找好人选，这更加让林启为难了。蛰翁（即汤寿潜）和穰公（即汪康年）都是受自己所托，想必在此事上也花费了不少心血，但是留洋名额仅剩一个，秀才沈锡爵只得放弃了，汪、汤二人各自举荐的人选之间又该如何取舍？

　　林启在屋中踱步，全部心神都在选人上，没有意识到已是晚膳时间。大儿子推门进来，跟着进来了一些日落后的柔光，坦荡、温和地洒在地上，虽不能带给人多少光亮，却充满了诚意。林启灵光一现，既是为了杭州乃至全国蚕桑业之崛起，为了百姓生活之改善，留洋人选当不存私心和偏见，我本磊落，又有何惧？他决定复信穰公，请他与蛰翁商酌谁为可派之人，议定之后，他即派此人前往东洋。

　　是年十一月十六日，由汪康年举荐的汪有龄乘船赴日。到神户后，先他一步来日的嵇慕陶从大阪赶来。两人此前虽不相识，但同样的使命使他们在这片异国他乡自然地亲近起来。汪有龄年方十九，比嵇慕陶小，加之晚几个月来到日本，嵇慕陶感到自己有责任帮助他融入新的环境。汪有龄对周围的一切怀抱有年轻人的好奇和热情，什么都觉得有趣，什么都感到新鲜。嵇慕陶颇觉好笑，又有些羡慕——他自己是不可能这样毫无负担的。

按照林启的安排，他们先在山本宪的私塾中跟随山本学习东语（即日语）。刚开始的几日，汪有龄跃跃欲试，背着老师对嵇慕陶悄悄地说："东洋字看起来和我们的字差别不大呀，这日本的东西老怪呀，总是让人在陌生中看到熟悉。"

嵇慕陶回他："不可大意啊，这段时间我总算是长了教训，这字、这木式建筑，还有他们的礼仪，你以为熟悉，凑近了一看，发现全不是那回事。"

汪有龄的心被勾了起来："嵇兄，可愿详谈？"

嵇慕陶索性把书本放在一边："就比如说吧，他们住的房子，用木头、瓦片造成，和我们的没什么区别；屋顶倾斜，屋檐下挂着灯笼，也和我们的设计相类。但你仔细看，屋檐下的灯笼图案与我们的差别极大，我们喜鸟兽、风景等图画，他们则青睐方块、格子等图案。"

"日人的风格似乎偏素淡。"汪有龄若有所悟。

"再说习俗，我来日本几个月了，还未曾见到官员浩浩荡荡出行，顶多两三扈从，其阵势远不能与我朝相比。"

"这是缘何？"由于太过于吃惊，汪有龄不自觉地张大了嘴。

"日本关于政体的研究书籍甚多，我也不过是囫囵吞枣、不求甚解地看过几本，"嵇慕陶发现汪有龄对此话题似乎格外热切，眼眸中的光芒像烛芯一般灼热，"说是这日人的政体与我朝和泰西皆不同，对三者的分析极为冗长，我看不懂，更没时间。"

汪有龄不再言语，沉浸在自己的世界，直到山本进来开始授课。

试问路在何方

　　隐隐听到起床钟声，嵇慕陶翻了个身，看向窗外，似明未明间，天空显出极淡的灰色，如墨色渲染的。三月的天气还有些凉，水汽沾到人的皮肤上，令人立时清醒了。他和汪有龄已经从山本处离开，经过四个多月的学习，他们的日语已达到交流、读写无碍的程度，于是便根据安排，来到埼玉县儿玉町儿玉村竞进社学习蚕学。

　　竞进社的教学安排是理论与实践并重，嵇、汪二人一边学一边干，入实验室观察蚕种、上山采摘桑叶、练习缫丝手法等，全都一丝不苟。学校附近有一座小山，山上种满了桑树，山脚下有一个小村庄，住了不过五六户村民，却充满了田园风光：整齐的稻田，翠绿的秧苗，时时传来鸡的啼声、狗的吠声，还有黄牛母子相唤的低鸣。农人下地劳作时哼唱着民谣，虽听得不甚清晰，但悠扬婉转的韵律像春雨滴落心田。牧童骑牛，笛声回荡，刹那间恍惚回到了故乡。嵇慕陶醉心于这样的风景，也因之十分喜欢上山。对那些需要耗费大量体力的养蚕劳动，他甘之如饴。有一次雨天采桑，竟赤足走了十余里路，让同窗和老师都赞叹不已。

　　与嵇慕陶享受似的付出不同，汪有龄则稍显勉强：

一来是身体欠佳，在体力劳动上总显得孱弱；二来是兴致不高，他的付出不能说少，但总有一种完成任务的强迫感。作为旁观者，嵇慕陶看得很清楚，汪有龄不是不愿下苦功，而是心不在此，那种彷徨中的苦涩和犹疑，就像不会游泳的人在水中拼命挣扎，尽管费了很大力气，但就是无法浮出水面。这是每一个年轻人都必经的磨炼，嵇慕陶深晓其中的痛苦。另外，汪有龄看远一点的东西时总喜欢眯起眼睛，也让嵇慕陶疑心——汪的视力不佳。

突如其来的倒春寒给天空蒙上了一层灰色，寒风仿佛带着小刺，扎人的鼻尖与耳唇。就在这时，留日学生监督孙淦带来了杭州官府寄给汪有龄的信件。信上"汪必须在年内回国"一句，像厚而阴寒的黑云压在汪有龄的心头。孙淦很耐心地解释了，并非汪表现不好，而是拟成立的蚕学馆公布了招生章程，要求学生不得为"短视人"，因"于显微镜不宜"。尽管孙淦再三表示他会从中斡旋，事情定然还有转圜余地，汪有龄还是一言不发，神色黯然地躲进了房中。

湖岸是蚕学馆旧址

隔天清晨，嵇慕陶像往常一样，早早起来洗漱，路过汪有龄房间时，发现门并未关严。他轻轻敲了敲门，没有回音。"打扰了。"嵇慕陶小心翼翼地推门进去。汪有龄坐在床头，整齐的床铺说明他一夜未睡。嵇慕陶看着汪有龄肿胀的双眼，一时手足无措，他不擅长安慰人，何况在这种处境下安慰的话又从何说起？

太阳已经升起，室内的光线变得明亮，空气中浮着尘埃，一片寂静。"我想你还是不要放弃的好……"嵇慕陶想了一会，有些笨拙地说道。

汪有龄挠挠头发，这头发已经被挠得一团乱了，说："我在日几月，总有心神不定之感。日本所有，我朝皆有，既是如此，令我总想找到落于人后的原因。声光化电这些西洋技法，总是水土不服似的在我朝存在着。有电灯而无光亮，有马路而拥挤污渍，常发生画虎不成反类犬的滑稽事。我想找到原因，更想找到解决之途。"

他顿了顿，低头整理了一下桌上的书信和簿子。"我想了一夜，懊丧不如更新，既已明确心之所向，何不放手一搏？"他拿起一封墨迹甚新的信，"这是我写给穰卿的，托他帮忙向林知府、廖巡抚说情，准许我改易方向。结局难料，姑且一试吧。"

日光更强了，飘浮在空中的尘埃沉降下去。嵇慕陶感到汪有龄不一样了，在他身上已找不到彷徨和纠结的影子，取而代之的是坚毅和笃定。

就像乘船同行，却有不同目的地，嵇慕陶与汪有龄迎来了挥手作别的时刻。

嵇慕陶在学蚕的路上继续前行，于八月入东京西原蚕业讲习所，一年后，进入东京高等蚕丝学校，最终于光绪二十七年（1901）夏学成归国。不论辗转何处，他在学业上始终坚定笃实，不曾有丝毫懈怠和敷衍，令罗振玉大为称赞，也被日本人推为"中国留学生之冠"。这种抛开所有杂念，于艰辛中矢志前行的精神延续至今，成为蚕学馆之后身浙江理工大学的精魂，并化为校训"厚德致远，博学敦行"，启迪万千学子。

在汪有龄一方，经过孙淦和汪康年的努力，林启准许其改学其他的请求。汪有龄即改弦易辙，于六月考入日华学堂，学习算学、理化、史地等课程，并与求是书院选派的四名留学生成为同学。

进入日华学堂之后，汪有龄眼界大开，虽然身体常感不适，但却劲头十足。他学得很有兴味，像在曲折的山径上一圈一圈地攀爬，渴望登顶，却也耐得住性子沿途采摘。他在信中告诉汪康年："综厥期限，须五六年后方可卒业归国，然非迂径，实正办也。总之练才与练学此两事，似同而实不同。"可世间的一切岂是人力可计算？由于身体愈加虚弱，汪有龄不得不放弃当时已经拿得的日本帝国大学法科的入学许可，在光绪二十四年（1898）八月憾然回国。

舟行河上，船随人走，嵇、汪二人怀抱不同的志向各自前行。嵇慕陶先是担任蚕学馆教员，后创办新市镇公利丝厂、西蔚漾利农改良土丝厂，一生都与蚕桑事业紧密不分。而汪有龄，据说在廖寿丰巡抚的安排下，再赴日本法政大学学习法律。之后的人生轨迹则与法律息息相关，先后担任京师法律学堂教席、朝阳大学校长。曾令他们苦涩的寒春逝去了，生命来到了飘着桂花香气的秋季，天水之间，澄澈清明，看山更真，看水更清。

嵇、汪之后，许许多多来自不同地方、不同学校的学生，负笈东渡或远航西洋，求取心中渴求的知识，这其中也包括官费往日本、意大利学习的朱显邦、方志澄等蚕学馆毕业生。普天之下，人同此心。

寻找最佳人选

西湖金沙港是林启眼中养蚕学堂的选址地，在儿子们的陪同下，他亲自去看过。原先的怡贤亲王祠已被改为关帝庙，但前来上香的人并不多，大部分时节独享静谧。尤为可贵的是，在庙的周围还有大片空地，正好栽植桑树，作为实际操作的训练场。

不过，林启心中十分清楚，要将西湖中这么大的一块区域改建为养蚕学堂，难度极大。首先，关帝庙另作他用，必然会遭民怨；其次，馆舍的建立，要动用人力、财力，且规模必不会小；最后，废积习而改洋技，逃不掉向官员和民众艰难——很可能颇费功夫的说服过程。林启在官场沉浮许久，深知事与事的联系、人与人的关联，错综复杂、盘根错节。此事若要成，必得由一个既能服众又左右逢源的得力之人领头。那么，谁才能担此重任呢？

"此人不宜为官场中人，否则易起纷争。"高凤岐的话在林启耳边响起。这话很有道理，农民眼中，洋货都在仇视之列，养蚕学堂的筹建若由官员推进，百姓的反感和抵触恐会加倍。林启思忖良久，决定从杭州城根基深厚、德高望重的名门望族入手，择其族中年富力强、品行兼优，并受过新式教育的子弟来担任，如有留日经历，则为上选。

原则既定，光芒迅速聚拢，焦点落在了杭州邵家，邵位西（即邵懿辰）的长孙邵章（即邵伯炯）身上。邵位西于道光年间中举人，官至内阁中书、刑部员外郎，后虽被罢官归里，但仍在杭州百姓心中声望极高。其家学渊博，藏书甚丰，至邵章一代，仍为鸿儒。此外，邵章曾就读日本法政大学，视野开阔，行事果敢，不啻为绝佳人选。

很快，邵章接到了知府的任命，由其总领养蚕学堂校舍的筹建，一俟建成，则升任首位馆正。

林启果然没有看错，光绪二十三年（1897）动工，在邵章的安排下，仅用约半年，养蚕学堂校舍即于翌年初建成。校舍构造完备，在《农学报》的报道中，可窥

1898年11月，邵章（前排右三）、轰木长太郎、前岛次郎等师生与日本驻杭州领事速水一孔、来访中国的日本东京西原蚕业讲习所所长本多岩次郎等在蚕学馆正门前合影

其一：

屋基估地十亩，前考种楼、饲蚕所一座，上下计一十四间；茧室一座，计五间，均仿东西洋蚕房式。后考种楼公廨一座，上下计二十间，东西斋舍三十间，储叶处三间，膳室庖舍门房共十二间，均仿华屋式。补建关帝祠屋六间。

再至金沙港，风光大异。密林将校舍围在里面，只在朝向西湖的一面露出一个缺口。隔湖相望，校舍好像浮在水上。蓝天之下，绿水之内，一样的黑瓦白房、深密树丛，两相对应，令人恍惚现实与梦境竟无分野。写有"蚕学馆"的匾额悬于大门之上，这是林启最终敲定的学堂名，简短、明确、有力。两边的围墙斜拱着大门，营造出曲径通幽的神秘与庄重。

光绪二十四年（1898）三月十一日，筹谋多时的蚕学馆正式开学。

显微视野下的新奇世界

总教习江生金把试验室中的器材清点了一遍，六百倍的显微镜有五台，两台为知府亲购，三台为留日商人孙淦所赠。有了这些仪器，蚕种的观察和甄别方可进行。他把所需要的书籍也陈列于桌上，《蚕体解剖讲义》《蚕体病理》《喝茫蚕书》《意大利蚕书》一字排开，方便明天授课时查阅。微风吹动，树影摇曳，在书面上投出不规则的亮块。

四下一片寂静，待明天开课后，还不知会有怎样的热闹呢。江生金有些兴奋，也有些忐忑：这些关于蚕桑的新识，该从何处入手，才能引发学生的兴致，也便于他们理解？他想了很久，深刻体会到传道、授业、解惑之难。有好几次，他都萌生退意，毕竟学与教是差别极大的两件事，但是一想到总办林启聘请他时的嘱托，一想到自己被称为"研习蚕桑第一人"，就感到肩上有挣不脱的责任。不管怎样，且看明日的情况吧。

树木、房屋，还有树上欢跳的小鸟、房前走动的人影，都在微茫中渐渐凸显轮廓，像从画中奋力一跃，跳入了现实世界。太阳在山尖上冒出大半张脸，几朵云兴致盎然地凑在边上——新的一天到来了。

倘若有人恰好路过试验室，一定会对里面讲授的内容生发好奇。二十五名学生和八名额外生在位子上仰头看着，一个个全神贯注、目不转睛。江生金把显微镜搬上讲桌，铜质的圆筒泛起光泽，像刚出水的鱼鳞，又亮又润。"此乃显微镜，两端各镶一拓大之镜。两镜相因为用，方足显微。"他的声调不自然地尖细起来，三十三双眼睛齐齐锁在他身上，让他有种不自在的亢奋。

"此镜可用于验蚕、蛹和蛾，只是在使用之前，须将物和水研之，放于玻片上。"他举起一块不到手掌大的长方形玻璃片，作为展示，"每次用镜验物，镜中成以圆形，名为镜田。若要数病毒数，则分田为四，将一弧面之病数乘四，即每田之病数也。"

言及此，他突然意识到还未向学生说明何为病毒，后脊出了一层细汗，急忙补充道："养蚕缫丝在华夏由来已久，近年来却被美、日、法等挤兑，原因就在蚕种沾染病毒。病毒并不限于一种，举其重者，则当属椒瘟（即微粒子病）、软瘟两种。关于这两种病毒，我日后会详加说明，并带领大家用显微镜识别病蚕、病卵、病蛾。"

语毕，江生金引导学生依次走到显微镜前，学习运用仪器。透过筒首镶嵌的圆镜，他们第一次看到了蚕身的构造：遍体皆毛，胸与腹之间凹下，有细管贯穿其间，关节与关节之间由筋肉相连。这个极微小的天地，却令他们看到了一个极广大的世界。也许"科学"还未在他们脑中形成概念，但他们所望向的四周终发生了天翻地覆的变化。

江生金的课堂似一根桅杆，支起了风帆；也似一条粗绳，拉开了帷幕。自此以后，蚕学馆的教学正如门前的西湖水一般缓缓流动，蜿蜒向前。它所遭遇的波折并不少，但无一样可阻拦它的前进。后总教习由江生金改为轰木长太郎，又为前岛次郎；馆正也由邵章更替为车书，继为沈铭；尽管几经变动，蚕学馆的毕业生依然成为浙江、四川、山东、广东等地养蚕会及学堂炙手可热的人才。

　　这是一条崎岖不平的道路，没有颂歌，只有百折不挠的决心。它担负着许多人渴望改变与振兴的希望，奋力前行，直至遇到了最严重的一次危机。

致命的信任危机

天已渐热，一场大雨欲来，空气中是压抑的低闷。知府宅邸内一片缟素，知府林启于光绪二十六年（1900）四月廿四日溘然长逝。一年后，已卸任回归故里的前任巡抚廖寿丰离世。曾经协同振兴杭州教育的二人，在刚刚看到一线曙光的时候，先后离开了倾注全部心力的百姓与事业。两位敢为人先的清廷官员尽心呵护、培育的教育幼苗，立时失去庇护，受到剧烈的冲击。但所幸，继承廖、林二人遗志的同仁，以及求是书院、蚕学馆等学堂的教员、学生，不气馁，不退缩，死而后已地继续努力，使幼苗在风雨摇曳中渐趋壮大、成熟。

———

巡抚署衙内锣鼓喧天，一派热闹。今日是新任巡抚大人任道镕的八十寿辰，酷爱昆曲的任大人招来伶人唱《千忠戮》。

收拾起大地山河一担装，四大皆空相。历尽了渺渺征途、漠漠平林、垒垒高山、滚滚长江，但见那寒云惨雾和愁织，受不尽苦雨凄风带怨长。雄城壮，看江山无恙，谁识我一瓢一笠到襄阳。

凄怆的曲声响彻院落，余音袅袅不绝。任大人一手扶额，遮住了浮上眼眶的泪水。"人生七十古来稀"，不知不觉间，自己竟已入耄耋之年，回想壮年时保境安民，何等威风、畅快，纵然是因褒奖已革知府潘骏群、失察编修林国柱而被弹劾褫职，也未曾浇灭满腔雄心。被冷落十余年后，幸再得重用，自不敢有丝毫懈怠。但他无论如何也想不到，一生忠肝义胆，倾尽全力维护的大清王朝，竟然在庚子年被洋人的铁蹄践踏得毫无尊严。既悲且痛，涕泗交加，不知自己一副老朽之身能否看到重来的光风霁月啊！

一名下官趋身向前，在任道镕耳边低语："大人，卑职知您点此出戏是有感于庚子之乱，您的拳拳之心定会为上天感知。不过，杭州府内却有一些为乱之人，私通洋人，待我明日向您详加说明。"

任道镕眉头紧锁："何须明日？速速说来。"

"西湖金沙港有一蚕学馆，据言以西洋器具惑人心神，自居桑蚕之术高于华夏，不但大肆传播西洋诡计，还阻挠本土蚕民用古法制丝，迫使农民以高价购其蚕种，招致民怨沸腾，不得安生。"

任道镕生平最恨两件事：一为扰民，二为惑乱。为守一方太平，他不惜身先士卒，即使被矛所伤，也毫不畏惧；为保河堤坚固，他亲验工料，冒风雨抢护，历时四昼夜方回府休息。他又怎么能看得下蚕民生计受损，忍得了洋人邪说大加横行？

"明日，我们一同去蚕学馆，若你所言不虚，当即喝令其关闭。"任道镕怒气冲冲地说，"除此之外，蚕民的损失也命他们赔偿！"

蚕学馆馆舍

下官的嘴角浮起了不易察觉的窃笑："卑职这就去安排。"退下去之后，谄媚的脸色骤然一变，咬牙骂道："不支持新学就没有出路？哼，谁挡我官道，不收拾他，我就不是人！"

蚕学馆的守门人向馆正的房间急速跑去，刮起一道疾风。"巡抚大人造访了！"声音落了一路，路旁的桑树也不安分地抖动起来。馆正沈铭听到了守门人惊慌失措的叫喊，心剧烈一跳，早就风闻有官员对蚕学馆敌视已久，自从林、廖二位创立者先后离去，担忧就如惨淡的薄云，整日围绕着蚕学馆的师生。现在，这块薄云终于引来了暴风。沈铭一刻也不敢耽搁，立即着人去请高凤岐前来，然后理了理衣衫，强作镇定地走向大门。

任大人虽年事已高，白发白须，但步伐极稳，神色威严，只拿眼扫了一圈，围在沈铭身边的教员，也包括沈铭自己，全都被震慑住了，无人敢发出一声。从白须下传来低沉的声音，似山谷狂风，钝钝地压人心肺："馆正是何人？我要了解蚕学馆的主要事务。"

沈铭先前一步："卑职在。蚕学馆乃前任知府林启所创，其创办时即定下主旨，是为除微粒子病，制造佳种，精术饲育，改良土丝，传授学生，推广民间。"

"可有实绩？"一语切中核心。

"我馆所制之种，一般较民间普通所制之种丰收至倍焉。今年浙省蚕事甚劣，为减蚕民损失，我们正向其大力推广无病蚕种，若果采用，则损失必可大大减少。再辅以日人栽桑之法——"

"无病蚕种？与普通蚕种有何异？"任道镕不信日本人的技法能胜于本土，截断了后半句话。

"大人，蚕种是否感染病毒，须在显微镜之下方可辨别，从肉眼来看难以区分。"

"那么，有病没病不就仅靠你们论断了吗？岂非荒唐！"

沈铭急忙解释："寄生蝇会产卵于蚕体上，被害之蚕成蛹后化成的蛾，必然产生带病的卵，病卵孵化出的小蚕也带病。若不及时除掉病蚕，则来年的蚕丝亦大受其害。"

任道镕简直是怒不可遏了："四时有定律，人事有命数，岂可未卜先知？你们宣扬西学，竟是如此诡辩，我看还是关闭为好，以免惑乱民心。"说完，拂袖即去。

跟随的小官一脸得意，又补上一记重拳："沈馆正，赶快照办吧。"

"这……"沈铭一干人等全僵住了。

"任大人请留步。"一声高呼，是高凤岐来了。他不疾不徐地向任道镕一拜："任大人，蚕学馆是先任巡抚廖大人和知府林大人的心血，我实辅佐之，还望大人看在先人的情面上，恳请给予蚕学馆一个自证的机会。"

任道镕知道高凤岐是林启的贤僚佐，这份忠心让他的面色缓和几分，但欺瞒百姓却有悖于本意，他的眼里闪过一丝犹豫。这道倏忽而逝的光没有逃过高凤岐的眼睛："任大人，杭州蚕学馆改良蚕桑，领风气之先，紧随其后者，有湖广总督张之洞筹办的湖北农务学堂，安徽、福建设立的蚕桑学校。倘真无实效，其余各省又为何相继建立呢？我今日无意强加辩护，唯有斗胆提出一个请求。"

"但说无妨。"任道镕听到张之洞等人也热心蚕务，心里松动了。

"卑职请设立试验场，由蚕学馆学生与本地蚕民一同比试，最终由所产丝量与丝质孰多孰少、孰优孰劣来决定蚕学馆的存亡，乞请大人允诺。"高凤岐动了情，林启离世后，这衙门越来越像一个吞人的怪兽，扒人筋骨，食人血性，他左支右绌，心力交瘁，到最后只剩一个信念：无论如何也要保全林大人生前的事业；其余的，全是不得已而为之的敷衍。

任道镕想不出拒绝的理由，也不忍回绝这一番苦心："也罢，凡事皆不可臆断，就按你所言，依据试验结果再议蚕学馆的去留吧。"

"叩谢大人!"一千人等全部弯腰作揖。

能够暂时地苟且地保住学院,已殊为不易了。有个渺茫的期盼总胜过没有,何况还有一份自信呢,这份自信总能叫人振作起来。

勇于面对官方质疑的硬核少年

　　任道镕的人马离去后，蚕学馆陷入了长久的沉寂。馆正、教员和学生都坐在课室里，但无一人说话。高凤岐在讲桌前走了几个来回，欲言又止。事关蚕学馆生死存亡的比试，该由谁来参赛？谁有资格？谁又有勇气？疑问盘桓在所有人心头。

　　"这样吧，"高凤岐的话像火光划破了夜晚，"从考试成绩为上等者中逐一挑选。"

　　沈铭接话："不妨对这些人再作一次筛选，以巴氏制种法、孵化器温度调控、桑叶处理为考试内容，选操作最优者做代表。"

　　"就按你所言。"

　　方案既定，七名上等生集聚在饲蚕所的试验室内。除了仪器操作时发出的金属摩擦声，没有其他声响。从窗外吹入的风，带来了树木的清香，像轻柔的波浪拍打在人的心上。山顶上的浓密绿影，擦着深蓝的晴天。

　　考试结果出来了，排名第一的是一位清秀的少年。

高凤岐诧异地问他："今年多大了？"因为蚕学馆的报考章程中规定，须"年二十左右"。

少年平静地回答："十七了。"仿佛这是一件再自然不过的事情。

沈铭在一旁补充道："这是我馆年龄最小的学生，已在此学习一年了，各科皆优，后生可畏，不可小觑啊！"

高凤岐抬眼打量，少年的脸上颇有几分宠辱不惊的神色，两道细眉长并且黑，瘦削的肩膀挺得很直，但并不显紧张，周身泛着一股淡然自若的气息。"好，就是你了。"高凤岐直视少年的眼睛，"此一役，请务必慎重周全。"

少年也毫无怯色地回视："我定当竭尽全力，请大人放心。"

从巡抚那边传来了消息，试验场设在长庆寺。待沈铭带着少年来到寺门前，发现里面早已被闻风赶来的百姓挤得水泄不通。一名面色黝黑的壮年男子站在台上，他是由官府招来的湖州蚕农。少年被人引上台，与男子一左一右分立两边，中间是着官服的小吏。

"诸位，"小吏开口了，"自今日起，将进行一场比试。湖州蚕农与蚕学馆学生每人各拿蚕种三张，各自培育，一月之后，以所产蚕丝量及丝质评判高下。养殖间即设在寺内，比试期间，闲杂人等不得入内。俟结果一出，悉可前来参观。"

小吏用眼神示意场中护卫，护卫心领神会地驱散人群。人群中发出的叽叽喳喳声，像黄昏时麻雀从头顶掠过，音量由大及小，渐至不可闻。寺庙后的青山兀自矗立，遮挡了一半的阳光，静谧的试验场笼罩在一种介于光亮与晦暗的不分明中。

少年擦擦手心的汗，开始操作。他将分配的蚕种放到显微镜下观察，果不其然，坊间流传今年的椒瘟甚于往年，蚕纸上近三成的蚕种身上出现了黑点，这是被寄生蝇污染的表征。少年定了定心神，小心翼翼地将病种逐一剔除。接着，他拿出自带的桑叶，这是蚕学馆附近的野生桑叶，形小面光，含水不多，用以饲蚕，叶省而功倍。铺好桑叶，将孵化箱的温度调为十四度，确认灯火无故障可维持恒温后，轻轻盖上盖子。三日后，将温度升至十五六度。又三日，继续升至十八度。数日之后，小蚕顺利孵化。

日出日落，周而复始，很快就到了蚕吐丝的时候。得到消息的百姓又聚在了长庆寺，翘首等待比试结果。还在那座高台，还是那位小吏："经称重比较，湖州蚕农的收量为丰岁十之四五，而蚕学馆所收则大率十得七八。丝质方面，蚕学馆所制洁白柔润，蚕农所制则呈参差不齐之相。此乃公论，并无舞弊。"

人群像沸腾的水一般炸开，官府定论，无人敢提出异议。消息不胫而走，传遍了杭州全城。

载誉归来的少年将一封信交给了高凤岐："比试结束后，巡抚大人差人将此信给我，令我转交给您。"

高凤岐充满疑惑，不知任大人是何用意。薄薄的信纸摊在高凤岐的手掌上，少年一眼看去，发现不过短短数行，但高凤岐却凝视了许久。月的微光似薄纱从高凤岐的脸上拂过，在眼睛那里迎上了一点极为晶莹的光芒。

浙江蚕业学校

少年看清了信上的字:

时移境迁，老朽已看不分明。

故步自封，实乃人生最大错误。

前路未卜，君当无畏。

第二年，即光绪二十八年（1902），任道镕以身体欠佳为由辞官归乡。高凤岐则应两广总督岑春煊之请，于光绪二十九年（1903）入为幕府，亦离开了杭州。高氏倾力维护的蚕学馆，在成功解决危机之后，不但可以继续办学，而且再次得到了朝廷拨款，其所制蚕种也为本地及江苏、安徽、江西、福建等地争相求购。林启与蚕学馆的功绩，经由罗振玉在《农学报》上报道，广为人知："……甫三年耳，其效已昭昭如此，异日传习日广，增长国益，皆公经始之功也。书其成绩，以告方来，并贻后之传循良者。"

蚕学馆在历史的风浪中，迁校、易名近三十次。光绪三十二年（1906），险被时任巡抚冯汝骙以经费紧张为借口改为初等农业学堂，后因冯的离职而躲过一劫。光绪三十四年（1908），光绪皇帝御批蚕学馆为浙江中等蚕桑学堂。宣统三年（1911），又更名为浙江公立蚕桑学校。其后经浙江省立甲种蚕业学校、浙江省高级蚕桑科中学、浙江杭州蚕丝职业学校、浙江丝绸工学院、浙江工程学院等几度更迭，2004 年始定名浙江理工大学。

蚕学馆历史沿革情况

光绪二十三年（1897），呈准当时浙江巡抚廖寿丰创设蚕学馆。经费由布政司拨银 36000 两，并请准拨西湖金沙港关帝庙旧址建馆舍，附近 30 余亩为桑园。

光绪二十四年（1898）年初，校舍竣工，林启将其制定的养蚕学堂章程和招聘章程公布于众。三月，蚕学馆开学。林启任总办。总教习初聘江生金，江辞后，改聘日本人轰木长太郎。此后，曾改聘前岛次郎为总教习，西原德太郎为副教习。馆正初委邵章，次年邵章辞，改委车书。光绪二十七年（1901）九月，车书辞，改委沈铭。

光绪三十四年（1908），蚕学馆改名为浙江中等蚕桑学堂。

宣统二年（1910），因学额增加，借西湖跨虹桥下的崇文书院设分部。

宣统三年（1911），改名为浙江公立蚕桑学校。

1913 年，改名为浙江省立甲种蚕业学校。

1914 年春，在西湖诂经精舍开设女子缫丝传习所。

1928 年，改名为浙江省高级蚕桑科中学。

1934 年，改名为浙江省立杭州蚕丝职业学校。

1949 年，改名为浙江杭州蚕丝职业学校。此后，制丝科和养蚕科分开发展。养蚕科在后续的变动中离开杭州地区，于 1978 年 3 月并入绍兴地区农校（今为绍兴市农业学校），设蚕桑科。

1952 年，由制丝科发展成立浙江制丝技术学校，并与杭州工业干校合并为浙江杭州工业学校制丝科。1958 年，改为浙江纺织专科学校。1960 年，并入杭州工学院成立纺织工程系。1961 年，从杭州工学院独立出去，仍名浙江纺织专科学校。1962年，改名为浙江丝绸专科学校。1964年，改名为浙江丝绸工学院。1999年4月，经教育部批准，改名为浙江工程学院。2004年5月，改名为浙江理工大学。

本章主要参考文献

1. 徐新吾主编：《中国近代缫丝工业史》，上海人民出版社，1990 年。

2. 彭泽益编：《中国近代手工业史资料（1840—1949）》第二卷，中华书局，1962 年。

3. 舒新城：《中国近代教育史料》，人民教育出版社，1961 年。

4. 徐淡人：《浙江蚕学馆与蚕校的回忆录》，载中国纺织科学技术史编委会编《中国纺织科技史资料》第八集，北京纺织科学研究所，1982 年。

5. 楼世洲：《职业教育与工业化——近代工业化进程中江浙沪职业教育考察》，学林出版社，2008 年。

6. 吕顺长：《清末浙江与日本》，上海古籍出版社，2001 年。

7. 朱有瓛主编：《中国近代学制史料》第一辑（下册），华东师范大学出版社，1986。

8. 朱新予、求良儒：《浙江蚕学馆》，载浙江省政协文史资料委员会编《浙江近代著名学校和教育家》（浙江文史资料第四十五辑），浙江人民出版社，1991 年。

9. 郑晓沧：《林启对近代浙江教育的贡献（节录）》，载浙江省政协文史资料委员会编《浙江近代著名学校和教育家》（浙江文史资料第四十五辑），浙江人民出版社，1991 年。

10. 聂庆艳、贺俊杰：《林启与杭州蚕学馆首批官派留学生》，《绍兴文理学院学报》（哲学社会科学）2014 年第 3 期。

11. 吴洪成、罗佳玉：《中国近代最早的职业教育机构——杭州蚕学馆》，《衡水学院学报》2015 年第 4 期。

12. 杭州市教育委员会编纂：《杭州教育志（一〇二八——九四九）》，浙江教育出版社，1994 年。

13. 周谷平：《浙江近代蚕丝教育之历史研究》，《杭州大学学报》（哲学社会科学版）1997年第1期。

14. 魏露苓：《晚清传入中国的西方蚕业科技》，《上饶师范学院学报》2009年第5期。

15. 李平生：《论晚清蚕丝业改良》，《文史哲》1994年第3期。

16. 梁加龙：《论中国近代蚕丝教育的几个问题》，《丝绸史研究》1991年第4期。

17. 沈剑：《简论近代中国蚕丝教育》，《华东师范大学学报》（教育科学版）1987年第2期。

18. 张水娟：《近代杭州职业教育研究》，硕士学位论文，浙江大学人文学院，2009年。

第三章

开启蒙昧，涵养正道

觅得心仪之所

金色的烟火冲上天空，发出噗噗的声音，在黑夜里划出一道又细又亮的线，孩子们在一边雀跃地跳着、笑着。此时正是光绪二十三年（1897）的大年夜，林启与家人在府中辞旧迎新，享受难得的天伦之乐。他看着孙子孙女圆墩墩、胖乎乎的身体，一个个像小肉葫芦一样，心中涌起无尽的疼惜和慈爱。只有孩子才会这样喜欢新年吧！林启心想，他们热切地盼望着明天，盼望着长大，因为他们从未对将来产生怀疑。可是林启却不敢如此笃定，局势一日比一日紧张，洋人又虎视眈眈，朝廷内部各派纷争，如迷雾一般分辨不清，让人既颓丧又不舍希冀。街上的爆竹声更响了，林启陷入了似悲似欢的难言心绪中。

求是书院已经按照巡抚廖大人的旨意开办起来，蚕学馆不负期望，翻译并讲授日本和西洋的蚕丝技术，乃至带来不小的震动。是否还要创立第三所学堂，是一直盘桓在林启心头的问题。若要建立，该作何定位？这并不是说林启想不出杭州教育尚有哪些欠缺，恰恰相反，而是需要革故鼎新的地方还有许多。但他深知自己的处境，身体已不如壮年，经费的筹措愈加艰难，还有时时如海浪般压来的非议，每一样都要求他必须万分谨慎。

过了新年，不管来年是何光景，大家的心头或多或少皆有些期盼。就像天气暖了，桃花必然会红润，黄鹂也必然会穿梭林间——春天总会来到。一树刚冒出粉红花骨朵的桃花，在微风中摇动，不胜轻柔，静静地等待着春莺的到来。正是此时，林启等来了一则消息：大方伯的圆通寺被籍没了。

将寺庙收归官有，对林启来说是实际情形所迫。一则重新买地建学堂开销极大，朝廷的拨款往往无力支撑；二则空地好找，但适宜建立学堂之处并不多见，既要占地广阔，又要风雅僻静，确实不是那么容易觅得的。而一些寺庙由于度日艰难、人心俱散——重税和战事早将百姓盘剥得家底空空，谁还有余力供奉香火——几乎已到凋敝的程度。与其闲置，倒不如改为学堂，不但可节约经费，省却劳民建筑，而且对百姓、对社稷而言亦是功德一件。

求是书院占用了普慈寺，蚕学馆是在关帝庙的原址上建起了校舍。至于圆通寺，其实早就在一年前就进入了林启的视野。在按照廖大人的授意，谋略建立求是书院之前，林启心中有两个选择——一为普慈寺，一为圆通寺。虽然其时林启对收回普慈寺怀有七八成把握，但也不能不留好退路，一旦普慈寺住持态度强硬，或引来其他纷争，则耗时既久，又恐夜长梦多，功亏一篑。为防此种情况发生，林启暗地里将圆通寺作为退路，若普慈寺那边淤滞不前，就姑且转向圆通寺一试。

林启将此事交给一名信得过的小官去办，圆通寺的情况与那些日渐凋零的寺庙并无二致，住持早已难以为继，收到官府的银两后，便遣散仅剩的几位和尚。林启一面未露，圆通寺已转入官府名下。

这收回来的圆通寺该移作何用呢？

一闪而过的灵光

林启在亭中方坐下，小孙子就跑过来扯他的衣袖："爷爷，教我写字。"

"私塾的先生没有教吗？"

"教了，但我觉得他没有爷爷写得好。"

林启乐了："好吧，你想写什么？"

"昨儿个听见哥哥背了一段文，是先生从来没有向我提过的。"

"你年纪尚小，学问呐，是一点一点循序渐进的。既然先生还没有让你读，自是还未到时候。"

小孙子嘻嘻一笑："所以我才来求爷爷呀！"

看着孙子圆圆的小脸上扑闪着的一双期盼的大眼睛，林启顿时失了原则："你能背吗？还是我们去问哥哥？"

小孙子小脸歪向一边："唔……蒙，山下有险，险而止，蒙……"大眼睛望向远处，似是拼命回忆。

林启已经听出来了，这是《象传》中关于《易经》蒙卦的释义，在私塾中通常要到高等才会讲授，还在初等的小孙子自然是不会学到了。"你怎么对这个感兴趣啊？不觉得有点难吗？"林启好奇。

"后面有一句，"小脑袋还在冥思苦想，"刚入私塾时，先生提过……"

"'蒙亨'，以亨行，时中也。'匪我求童蒙，童蒙求我'，志应也。"林启看孙子为了回忆，小脸憋得通红，接上了下句。

"对！对！就是这句：'匪我求童蒙，童蒙求我。'先生第一堂课就说了。怪了，怎么后来就不教了呢？"

"你在私塾中学的书可有《名物蒙求》或是《声律启蒙》？先生提这句话，是为了向你们解释何为'蒙求'或'启

杭州第四中学校园内的"养正书塾"方石

蒙'，也就是告诉你们来私塾是为何。"

"识字作文？增广见识？"小孙子试探地答道。

林启怜爱地点了点孩子的额头："你说的啊，只是求学的一部分。因为你们尚是孩童，先生所做即是启发蒙稚、问疑求决。随着你们精气日足、筋力日强、聪明日开、所学渐深，终达到知而获智、智达高远的境界。而所有这一切的起始，就是'蒙'。"

"哦，"小孙子的脸上浮起了一层红晕，七分倔强，三分羞涩，不肯承认听得似懂非懂，转而央求，"爷爷能写下来吗？"

卦辞渐次铺呈于纸上：

"初筮告"，以刚中也。"再三渎，渎则不告"，渎蒙也。蒙以养正，圣功也。

写到末句时，林启的心一震。"能以蒙昧隐默自养正道，乃成至圣之功。"这是孔颖达对卦辞中末句的注疏，像天边的云自然而然地集聚到一块，这句注疏接着卦辞自心内浮出。"若能建一所学堂，承担对幼童的西学启蒙，并兼以传统经学实现养性培德之功，诚为当下之所需，也可了却我长久以来的心愿。"林启默默地想，"事不宜迟，最好明日就问问凤岐的看法。"一入新年，林启隐隐有种说不出的预感，总感到事情像在身后追着自己。他奔波半生，极少过闲逸的日子，家人都劝他为身体着想，遇事能缓则缓。生命无常，境遇难料，他已不立什么宏愿，只是对于幼童、对于少年，他总想尽力为他们的明日多做一些努力。把"将来"带到棺材里去，是他决不能忍受的事。

把将来留给将来

杭州风尚

HANG ZHOU

"凤岐，依你看建一所培育蒙童的学堂……咳咳……"话还未说完，林启剧烈地咳嗽起来，他喝了一口热茶，抚抚胸口，"你看如何？"

高凤岐的眼中充满关切："大人，近来身体可好？求是书院、蚕学馆已步入正轨，不妨先暂缓其他安排，休息一下吧。"

"越是这样，越放不下心休息啊！"林启无奈地摇摇头，"圆通寺被收归了，我有意在此地建一所面向蒙童的新式学堂。"

入林启幕府多年，高凤岐了解其做事之坚定，因为他做这些事全不是为了名利，而是发自内心的热忱。发乎本心，是最无惧的。高凤岐不再劝阻，而且极郑重地思考着："建学堂、育人才，于当今确为务实，不过——"他短暂地犹豫，继而下了决心，用好学生对待功课的自信语气："依我之见，宜将学堂定位为面向已完成私塾或义塾教育的儒童。"林启温情一瞥，高凤岐得了鼓励，继续说下去："西人的教育分为初等、中等和高等，我们的私塾或义塾大致相当于初等，今已创办的求是书院和蚕学馆则大略为高等，此间独缺中等。世人皆知，开天辟地，从无到有，是为最难，然而世之风景，常在于险远。既然矢志于革新教育，何不从艰险处入手？况且古人做事，向来讲究天时、地利、人和，一旦错过，则难再寻。如今圆通寺已为官有，巡抚大人素来鼎力支持，杭州城内也有不少名师，正是绝妙机遇，若不作一番开拓，岂非憾事？"

高凤岐的话像春雨滴入林启的心田，催开了花，林启很难不为其所动："凤岐，你这番话还真是说到我的心里去了，但施行起来恐怕阻力不小啊！"

"大人，自打您来了杭州，做哪一件事是全无阻碍或轻而易举的呢？天下无不可为之事，只怕立志不坚。何况当下确实是难得一遇的好机会。"

"诚哉斯言！"林启浑身松快，气也畅通了，"关于学堂之名，我有一个提议——养正学堂，你看可好？取自《彖传》中的蒙卦：'蒙以养正，圣功也。'表明我们的心迹，是为启蒙童心，行止有道。"

"'养正'，涵养正道。简单明了，易于上口。只是'学堂'二字，我担心过于刺眼，恐成为把柄，招人构陷。毕竟，维新变法前景不明，朝野上下沸沸扬扬，我们还是以'书塾'为名，尽量避开纷争为上策。"

"还是你思虑妥当啊，"林启颇有几分动容，"我在杭州的诸多大小事宜，若无君之协助，实难有今日之功。老来易感，话也多了起来，啰啰唆唆，想必你能够体谅吧？只是常有倏忽而过的想法，不知你我携手同心的日子还有多久。古人云：'生年不满百，常怀千岁忧。'忧时光之短，恨识君之晚呀！"

　　高凤岐表情错愕，他未料到林启突然发此感慨，隐隐约约中竟有一丝临终嘱托的意味。越过林启肩头，他看到屋后的青山顶上，不知何时飘来几朵阴云，结成一片清冷，令他的心情霎时沉重起来。

一场机辩，化干戈为玉帛

廖寿丰坐在堂屋等待林启的到来。他好像等了很久，许多往事似微风吹落的花瓣，在心中纷纷扬扬——赏识林启在衢州的作为，力荐其来杭；得其所助，终于建起了杭州的第一所新式学堂求是书院；尊其意愿，以蚕学馆挽救已近颓势的浙江丝织业。好像他只是稍稍休息一会，胸中酝酿许久的偌多志愿，就在这弹指一挥间接连化为现实——当然，全靠林启的运筹帷幄。惜才、爱才、用才，是上司的责任，也是部下的幸运。不过，他与林启之间不止于此。他已经说不清楚，是自己成全了林启，还是林启成全了自己。

"大人，"林启走过来，脸上是无法掩饰的兴奋，"卑职近日正在着手将圆通寺改建为学堂，进展还算顺利。"

"贤弟，我要说的正是此事。你知道，我向来是支持你的。圆通寺旁边有一家洋人开办的医院，名为广济医院，其创立者是英人梅滕更，前不久他居然来到我的府上，要求我将圆通寺划拨于他，扩建医院，建立医校。"

林启胸口极闷，说不出话来。

"贤弟万万不可焦急，此事确实棘手：一来他是洋人；二来他所列举的理由正当，难以推脱。我会尽量想办法与他斡旋，你先耐心等等吧。"

林启听出了话里的语重心长。他敬重廖大人，不单单是出于官衔，世路风霜，人情冷暖，他明白自己得以所成的原因。"大人，卑职实在不愿让您为难。然而，英人所建，虽为医院，实是为了宣扬基督。夺佛以予耶稣，我所不为！"

"此事须得缓缓来。与洋人起冲突，于我不利。万事总有解决之道，唯时间与策略尔。"

林启豁然开朗："大人，我想与梅滕更一见。此事须得由我来说服他，方能无后患。不过您放心，我自会拿出令他满意的方案。"

廖寿丰投去信任的眼光："你说得不无道理。也好，我立即派人安排。若有难处，再来与我商量。"

林启深深一拜："卑职多谢大人。"

隔天，林启接到了消息，梅滕更以医务繁忙为由，要求林启至广济医院与其会面。林启懒得揣度其中是否暗藏机锋——让知府亲自登门，洋人是自视甚高，还是气焰嚣张？随他去吧，当忍则忍，但圆通寺决不会拱手相让。

这是林启第一次来到广济医院。一座三层高的西式洋房，白墙黑框，甚是单调。两旁的香樟树枝叶茂密，风一吹过，绿叶掀动，像层层波浪翻涌，带来鲜活的气息。从树隙花间，可以看见穿白衣的女子疾行——

西人喜欢雇年轻女子护理病人，林启咂咂嘴。白衣女子引林启进入楼内，一楼的待诊室内坐满了人，却无喧嚣，秩序井然，令林启微微惊诧。

登上二层楼，拐进最靠右的房间，一位着西式大衣、戴礼帽的洋人坐在里面。他热情地起身，用不太熟练的中文向林启解释："林知府，病人太多了，实在抱歉，只能请你来这里了。"

"你就是梅滕更？"林启有点难以置信。

"是我，是我。"洋人伸手，见林启毫无动作，笑着收回。

白发白须，慈眉善目，这是林启对梅滕更的印象，虽然心里有些不愿承认。"梅医生，我此行前来的目的，你应该很清楚。圆通寺为官有，故不能为你所用。"

"我的医院就在圆通寺边上，早与圆通寺住持熟识，

林社外的林启坐像

他很早之前就答应将寺庙卖给我，只是不知为何出现了变故。你的人曾告诉我'这事没得商量'——没错，他就是这样说的。没有办法，我只得向巡抚大人作了郑重说明，我与圆通寺早有契约。你看——"梅滕更将一张契书推到林启面前。

林启明白这是碰到了硬骨头，洋人一旦摆出说理的架势，就会逼得人无从置喙，无路可退。先迂回一下试试："梅医生，你既然已经占用了圆通寺边上的土地开起了医院，还有何不满意呢？"

"病人太多了，医院不能全部救治，必须扩充地方。另外，我还想建一所教会医校，以弥补医护人员不足的现状。"梅滕更的目光坦荡诚恳。

林启心下一动，耳边仿佛听到了冰面在春日照耀下裂开的声音。林启说："圆通寺本为我佛教圣地，与你基督教扞格不入，恐不太合适。官府也有在此地建学堂的打算，希望广培人才，与你的想法可以说是不谋而合，还望你能够支持。"

"你我既然同是为了杭城百姓，何苦相争？我的目的是为了治病救人，死生之大，林知府不会不知吧？"梅滕更没有丝毫退却的意思。

棋逢对手。林启看了看梅滕更手边的听诊器，又将目光投向梅滕更的眼睛，用颇堪玩味的语气说道："梅医生，这世上的事，皆是先有因后有果。抛却因，只看果，是为颠倒。我知你是为治病救人，可中国人是否只有西医一途方可得救，西医是否果胜于中医？非也。我之学堂，是为启化民心；你之学堂，不过西医之术。动因轩轾既分，也就不宜凭结局混为一谈。"

梅滕更半懂半不懂，苦笑着摇头："你们的文化，我学了很久，可是遇到林知府这样的人，还是不知该如何说。不过，我的医院救活了很多人，这是事实。我希望能救更多的人，亦有能力做到，这也是事实。林知府爱民如子，不会不体恤我的良苦用心吧？"

林启莞尔："我当然会体恤你的良——不，苦心，松木场那里有大片空地，环境清幽，适合静养，若你愿意，我可将此地归你所用。"略一停顿，加重了语气："如果需要，我会提供必要的支持。"手指轻敲桌面，继续说："至于圆通寺，中国人历来深信，藏世界于一粟，佛法何其大矣。倘强改为耶稣之地，民众反感愤怒，就不是我所能左右和掌控的了。"

梅滕更双手环抱于胸前，蓝色的瞳孔失神片刻，复又聚焦："我同意，就按照林知府的意思办。"

林启将桌上的契书收走，起身告辞，走到门口时止步回头："梅医生，我送你一句话，一来感谢你为杭州百姓的付出，二来表达我的敬意：'一息尚存，此志不容少懈；十手所指，此心安可自欺。'今日前来，我很高兴。"

"谢谢你的这句话，我会好好记住的。顺便说一句，林知府，你是我见过的最有趣、最正直的中国官员。我盼望能再见到你，但不是在我的医院，哈哈——"

阳光穿过楼外细碎的树影，透出些大小不等的小黄圈，散落房内各处，也为梅滕更的白发上覆盖了一层淡黄色的光晕，使房间和房间的主人都生动活泼起来。

青山独归远

　　光绪二十四年（1898）的九月，天气阴晴不定，冷暖诡变，世事与人心亦是如此。从京城传来的消息令各地处处风声鹤唳。维新变法突遭变局，光绪帝被囚禁，变法的主导人康有为、梁启超仓促逃亡海外，被逮捕的谭嗣同、杨深秀、林旭等六人则凶多吉少。

　　一路凯歌变成了陡转直下，欣欣向荣遭遇了狂风暴雨，许多人的命运从此改变。而林启也被裹挟在这场政坛风雨中，经受了重创。

　　俗话说，一场秋雨一场寒。两三场秋雨过后，杭州城浸入了秋的萧瑟寒意中。天气的骤然变冷，也使林启的咳嗽愈加严重。滑入喉的苦药，被狂风吹落的树叶，日暮寒蛩的鸣叫，淅淅沥沥的雨声，无一不使他感到凄闷。林纾和高凤岐等人时常来看望他，语气极为关切，又不免小心翼翼，避而不谈京城的大乱，可脸色中的忧戚却遮掩不住。

　　五年前，因上书反对修建颐和园，林启被太后连降三级，发落衢州。这是他的一块心病，而他又何尝不是太后和身边人的心结？这几年来，他在衢州和杭州的所

119

作所为，自是逃不过朝廷的眼线。百姓尊他爱他，公认他为"两浙循良第一"，这一褒奖让他既喜且惧，对于一个曾招皇权忌恨的外放京官，孰知不是一种负累呢？接连建立起来的求是书院和蚕学馆，虽得到了廖大人的首肯和支持，但官场之事，犹如这乍寒乍暖的天气，今日的艳阳可预料明日的晴天？尽管诸友竭力抚慰——也许是隐瞒——林启心里十分清楚，这一劫注定逃不掉了。

天还未大亮，林启就醒来了。他看着光线一点点穿透浓雾，仿佛在竭尽全力驱赶着晦暗。从远方传来窸窸窣窣的声音，说不清是什么，好像天地万物汇聚在一起，发出心底的呢喃。一阵阵风吹过，声音忽远忽近，让人想捕捉却又无从下手——混杂在希冀与失落之间的微响。

用过早饭之后，下人进来禀报："廖大人来访。"林启理了理衣冠，勉强振作精神。站在堂屋门口，瞧见廖大人走来，步伐是轻快的，心里不禁松了一口气。

"大人来访，卑职未能远迎，实在罪过。"林启躬身。

廖寿丰扶起林启："不碍事，我知你最近身体有恙，特地前来探望。是我来得仓促，贤弟勿要见怪。"

"岂敢，岂敢……"林启说不下去了，只觉得喉头紧得慌，想问的不敢问，庞杂的闲话又没有力气说。脖子微微抖动，一抬眼，竟蓦然发现廖大人没有穿官服。心口顿时发紧，几乎无法站立。

廖寿丰伸出一只手，有力地扶住了林启，反客为主地带其落座。"我今日来，还有一事，就是向你道别。京城的变局不可避免地波及浙江，我做不到独善其身，可终无力抗衡，思量一番，世态人情不过如此，利名场上苦奔波，蜗牛角上争人我，何苦来哉？不如闲卧东山，耕种南亩，何其快哉！"

廖大人故作轻松的语气，让林启心里更加难受："大人，果真没有转圜余地吗？"

廖寿丰的眼睛有些发红，声音低落下来："我已向朝廷告病，落了个去官还乡。别的全无所谓，只是我们全力襄助的几所新式学堂，极有可能成为众矢之的。我此一离去，仅剩贤弟勉力支撑。你耿介刚直，又最看重教育事业，前后奔波不遗余力，此后若是……"哽咽不能语。

"大人不必挂心，我知该如何应对。"林启眼眶微湿，强力用臂撑起上半身，没有廖大人的出面协调、鼎力斡旋，很多事不可能成——这是他心知肚明的，"大人的知遇之恩还未及感谢，就要作别，卑职心中有愧。纵然千般不舍，也不忍心再让大人挂累了。"

"世事颠倒，吾人修行之资也。时局艰险，贤弟万不可冲动。"廖寿丰从怀中掏出一封短笺，"你我共事不过两年，然经风霜、历雪雨，革吏治、兴教育，诚乃我人生最大幸事。职责所在，何足挂齿；相忘江湖，无须挂念。临别之际，抄了一首小曲，赠予贤弟，权作聊慰。望弟化险为夷，守业功成。"

林启双手接过短笺，胸口像捂着一团热火，灼得眼睛蒙上薄雾，嗓子却干涸得难以出声。他洞晓背后的原因，若非不得已，大人不会出此下策。尽管大人的离开，无疑使自己失去一大庇护，在精神上也陷入了孤立境地。"大人何时动身？我一定前来送行。"

"初定下月初，近来局势动荡，贤弟权衡轻重，不要贸然行事，你的情谊我心领了。"

"大人为我着想至深，卑职感念无言。大人，切切保重！"

太阳升得很高，悬在头顶，直扑入眼中的强光提醒林启，廖寿丰已离去一个多时辰了。他依然沉浸在思绪中无法抽离。短笺上的字泛着金边，墨色在他的眼中渐渐洇染，可是每一个字都在心里无比清晰：

> 苍波万顷孤岑矗，是一片水面上天竺。金鳌头满咽三杯，吸尽江山浓绿。蛟龙虑恐下燃犀，风起浪翻如屋。任夕阳归棹纵横，待偿我平生不足。

月光如昼，情深于酒

一切皆如廖寿丰所料。不出几日，求是书院和蚕学馆中都出现了气势汹汹的官兵。他们手握太后懿旨，坚称有新党潜伏其中，必须严加搜寻，一经发现，即令逮捕。

课是不得不停了，连学生也逃走了一大半。胆小怕事者唯恐沾染上关系，急于退学回家。有人但求自保，自然也有人敢于挺身而出。学生分成两派，彼此之间吵得不可开交：一方骂对方包藏祸心，图谋不轨；另一方反斥对方背信弃义，见风使舵。争吵愈演愈凶，给前来搜查的官兵带来可乘之机。人心惶惶，混乱不堪，昔日宁静的学堂成为纷争之地。

求是书院和蚕学馆中的"喧闹"断断续续地传到林启的耳中，令他痛心疾首、坐卧难安。"必得有所作为了，"他在心里对自己说，"一面控制局面，一面奋力抗争，纵然千难万阻，也要保住这两所学堂。"

高凤岐已经奔走数日，得到林启约他商谈的消息后，心里稍松了一口气。这几日处处碰壁，巡抚廖大人一走，官衙里的人脸色都变了，两眼望天，只留一对眼白对着你，好让你知难而退。"懿旨既下，还有什么好辩驳的呢？"

两只鼻孔用力撑着，好把神气都喷射出来，"高大人，你不会是想和朝廷作对吧？"三言两语，就把高凤岐打发出来，还把他活活地憋到心口发痛。林大人若能出面，想必这帮人不会不给知府大人面子，但是这些诛心的话，不知大人又能承受几分，毕竟他的身体已大不如前了。一想到此，高凤岐心有不忍，可又不得不承认，大人是最后的希望了，像清寒的月光，虽渺远不可测，但好歹能给人微弱的光芒。

在一片狼藉的求是书院斋舍内，林启与高凤岐静默相对。事情的变化已经超出他们的预料。二人刚从官衙回来。从京城来的官员表面三分客套，话语不咸不淡、不冷不热："林大人，您且回去罢，等搜查结果一出，我们还得向太后复命，至于如何个处理法，也不归我们管哪。您就耐心等着吧。"久违的官腔，让林启阵阵反胃，像撞上了棉花织就的网，一拳上去，力度先被吸掉七八分，网丝韧力极强，撕扯不断，欲一探究竟却犹如困兽。

更恶劣的还等在后面，坐下不到一个时辰，有官员匆匆前来禀报，尚在筹备中的养正书塾被勒令停止，静候朝廷安排。一道又一道的旨令如肃杀的秋风，吹得三所学堂全成为风中浮萍，前途未卜。高凤岐端详着林启，仿佛一夕之间，知府的面容就苍老了许多。"不知明镜里，何处得秋霜。"他不由自主地想起了这句诗。

林启对高凤岐的目光毫无察觉，他闭上眼睛，仰起头，胸腔一起一伏，像溺水的人在用力呼吸。时间仿佛静止。

"小鬼难缠，官衙那帮人既不掌事，也不敢担责，与他们耗下去徒劳无功。"林启猛地睁眼，目光中的郁愤难平是高凤岐从未见过的，"我们不能坐以待毙，明日我就到总署申辩！"

"大人，一旦闹到总署，您今后的官运必受牵连。"

林启的眼眶陷得极深，眼角、额头的青筋根根暴起。"这三所学堂，是廖公、你我，还有多少人的心血，更背负杭州百姓的希望，我决不能让它们被毁。死都无畏，何况仕途？"

高凤岐脸上一湿。进难退易，大人本可置身事外，过隐心避世的闲适日子，却投身于车尘马足、蚁穴蜂衙的官场屡经风波。世态如浮云多变，人心如秋草离疏，世风浇薄，这般肝胆忠烈令他震撼不已。

"凤岐，别为我担心，人生几何，到了我这个年龄还看不明白的话，真是老糊涂喽。"林启淡然一笑，"总署那里，还有几个旧友故交，想来事情会有转机。"

斋舍外的银杏树沙沙作响，鹅黄色的叶片厚厚地铺在地面上，有一种说不出的暖意。

三日后，林启约高凤岐共用晚膳，菜肴丰盛，林府的家人却不在，只站了一个负责倒酒的下人。"凤岐，今晚我们也学学李太白，'人生得意须尽欢，莫使金樽空对月'。开怀畅饮，不醉不归。"林启脸庞微红。

高凤岐猜想，在他来之前大人可能已经独酌几杯了。"大人，求是书院和蚕学馆都接到官衙通函：'查无新党，可继续办学。'养正书塾也被允许继续筹措。心病已除，确实该好好庆祝。"

林启也是难得的快意："烦闷多日，终得以舒畅，三所学堂皆得保存，我也算问心无愧了。"

"只是我有些好奇，您是如何说服总署的？"

林启举在空中的酒杯停住了，脸上极快地滑过一道阴影。"起先他们也劝我放弃，硬碰不会有好结果。为官多年，我知道他们最看重的无非是如何向太后交代。看穿了利名场，就唯有破釜沉舟。实在无法，我以自己的身家性命做担保，并签了'生死状'。我既做到这个份上，他们看在昔日的情面上，也只得不再追究了。"

"大人——"高凤岐举杯，但突来的酸楚涌向喉咙，重整情绪后，"我代教习与学生敬您。"再仰脖，酒和泪都灌进了肚中。

"凤岐，来——"酒杯在林启手中抖动，杯中之物一半流进入口中，一半洒于袖上。

夜空中的月分外明亮，亮而不浮，一团正气。高凤岐入神地想，大概此生都不会忘记这个夜晚吧。

言心言性，前程寻路

打磬子的清音响了起来，带有些许空谷回音的禅味，在夏日的空气中荡了几个圈，袭入养正书塾学子的耳中——这是起床的信号。宿舍内躁动起来，生命的烟火气息与寺内的和平静穆调和在一起，奇妙而怡人。

历经波折，养正书塾终得以在光绪二十五年（1899）五月开学。首批招生的六十名蒙童，已坐在由寺屋改建的斋舍，翘首期待塾正林启的讲话。

尽管高凤岐劝说林启多次，先休养身体，由他人另兼塾正，但林启还是放心不下，或者说割舍不了。养正书塾的创办最为惊险，又是在他最感有心无力的时期，若不能亲自呵护，总摆脱不了内心的隐忧。这一波三折的过程，也促使他思考了很多：与梅滕更的交涉，令他坚定了不可放弃经学教育的信念，立身之本，万不可夺，否则不中不西、非汉非洋，空有技艺，岂非一傀儡尔？搜查新党之劫难，使他选人用人更趋谨慎，起用名学大儒，醉心百家之学，避免针砭时弊，以避官场风波。正是基于此番思量，林启通过宋恕引介，聘请浙江大儒陈介石（即陈黻宸）担任养正书塾总教习，并设国文、小学、经学、修身、历史等课，仍将重点放在读经讲经之上。

在求是书院和蚕学馆开课前，林启都讲过话，但心境却与此时大不相同——与其说意气风发降损几分，不如说洞明通达更进一层。之前，他总想着还有哪些可以做；现今，他反倒看穿了有哪些不能做。不能做非不为也，而是不强为之。说到底，自己不过是沧海一粟，在渺茫与希望之间搭起一座桥，筑起一段路，渡后人而已。

这些坐在台下，正处于总角之岁的蒙童，不恰是他所寄予厚望的后人吗？林启露出了笑容，脸上的沟壑聚满了沧桑，眼神却极为真诚：

"诸位学子，养正书塾成立于戊戌之后，尔等想必明了此前的故事。既心知肚明，则理应珍惜。名为'养正'，意寓简明。以虚养心，以德养身，以仁养天下万物，以道养天下万世。涵养冲虚，正身明德。心性安和，自养正道。书塾所学课程，不外乎经史，兼以西学洋务。然真正的课业，则在大千世界。古人云：'读经传则根底厚，看史鉴则议论伟，观云物则眼界宽，去嗜欲则胸怀净。'吾信以至深，与尔等共勉。"

学生听得认真，无一人私语。林启有些站立不稳，可能是心绪激昂，竟有头晕目眩之感。旁边的一位教员看出了端倪，将林启扶下台。一位学子站起来，双手作揖："塾正先生，学生有一问不得其解，恳请先生指教。先生前云，需读经传史鉴，然当今时代，多以维新成风，认为吾国吾人思想陈旧、泥古骇今，是为欧人超覆我等之缘由。中西之分、古今之别，其间孰轻孰重、孰优孰劣？先生可否给我等一些指点？"

林启停下脚步，转而回头，神色和蔼又颇为郑重地回答："此问甚好。新与旧皆相对而言，无旧则无新，故欧人之新也不过是旧之发展。若非如此，岂不成了孙悟空，蹦自石头缝中？"这一比喻，引来满堂哄笑。

林启却未笑，眉眼之间添了些肃穆："我的同乡林纾，有不少译著问世。若读其书，则会发现欧人所追捧之文豪莎士比亚，立义遣词往往托象于神怪。然莎氏之诗，西人家弦户诵，并未焚弃禁绝，更视之为文明之硕果。此是为何？"

斋舍内静而无声，所有人都在等待着林启的解答。"在我看来：一是政教与文化不可完全类比，近世以来，我国格致之术、政教之务虽不如西人，但思想文化绝非落后；二是吾人切不可妄自菲薄，一味慕西求新，弃古之瑰宝如敝屣，否则人心国性反成水中浮萍，漂而无根，无可寄放。嘱咐尔等，勿气盛心满。"

提问的学子良久没有说话，仿佛是受了不小的震动。孩童的稚气还未退去，少年的英气已在眼中勃发，这种微妙的调和让人看着十分舒服。林启温和地说："养正

马叙伦

总教习陈介石，贯通古今中外，尤擅史学，以作文见长，尔等应跟随他勉力勤习。"

即将走出斋舍，林启突然止步，用下巴点向刚才那位少年："这位学生，你叫什么名字？"

少年一板一眼地回答："学生杭县马叙伦。"

林启颔首，跟在其后的陈黻宸唇边起了笑意，也投去了一瞥。

上轿后，林启疲倦地斜倚上身，闭目喘息，才发觉背后的衣衫已被汗水浸湿。他撩开轿帘，吐芽开花的夹竹桃在金蓝的阳光下明艳无比，彩蝶翻飞，杜鹃啼唱，似是在预告一个晴美的夏日。林启的呼吸渐渐平稳，在憧憬中升腾起一股似悲似喜的情感。

轿子缓缓经过养正书塾前的石板路。

昔人已乘黄鹤去

　　高凤岐已经记不清这是第几次来林启府上了，他本以为这种拜访会持续很久，未料到竟于光绪二十六年（1900）四月二十四日戛然而止。

　　高凤岐清晰地记得那是一个大雨天。林启的仆人匆忙上门，只说出"知府"二字，他便猜到了下文。来不及更换雨靴，高凤岐便深一脚浅一脚地跟着家丁在雨中疾奔。

　　门窗将大雨声隔离在外，却也将光线吞噬了近半。林启躺在正屋中，妻与子及众多晚辈环侍左右。高凤岐耳边持续响起嗡嗡声，但不知是女眷的低泣，还是自己脑中的回鸣。他走到林启身前："大人，我是凤岐。"嘴边止不住地抽动，好多欲出口的话都被打住。

　　林启的眼睛半睁半闭，嗓音含混不清，似用了极大的力气："啊——凤岐，务必护好学堂。"

　　"无论发生任何变故，我定拼死护之，大人放心。"

　　"有劳你了。"林启的脸色愈发苍白，神态却更加安详，

"外面是什么声音？"

"大人，是雨声，今天的雨极大。"

"是子规，是子规泣血。"林启仿佛进入了另一个时空，"高岸为谷，深谷为陵。不知今年孤山上的梅花是否盛开如故……"

"大人！""父亲！""爷爷！"屋里陷入混乱，长号，哭泣，人人肝肠寸断。高凤岐慢慢退了出来，把林启的最后一刻留给他的家人。他失了魂似的走到了门口，但见屋外水汽迷蒙，烟雾缭幻，草树深蔚，一如过往。"想来今年的梅花也会绚烂如昨。"他在心里默默地回答了林启的最后一个问题。

入殓之后，廖寿丰、林纾、高凤岐、邵章等人按照习俗悉数登门吊唁。大家可说是无一不悲痛，无一不惋惜。求是书院、蚕学馆和养正书塾的一些教员和学生也自发前来，林府前人来人往，自晨至夕，未曾停歇。灵堂之上，目之所见，皆为惨然；耳之所听，尽为凄然。

高凤岐未随众人离去，而是待到日影西斜。掌灯时分，府内人影寂寥，几声乌鸦的啼叫，又平添了几许悲凉。高凤岐行至林启妻子身旁："夫人请节哀，不知接下来作何打算？"

林夫人本已至暮年，在剧烈的打击下尤显苍老，疲乏不堪地答道："不日将启程护送灵柩回闽，古人云叶落归根，老爷奔走一生，终于得以好好休息了。"

高凤岐欲言又止，鉴于自己的身份，将已到嘴边的话语咽下，只说："夫人所言极是，确当回归家乡，择一肃穆杳霭之处厚葬。启程之日，凤岐定来陪送。"

可是任谁也没有想到，灵柩出城的当天，杭城百姓竟挤满路旁，恸哭不已。扶柩的队伍艰难前行，及至城门口，号泣之音更是上达云霄，悲遏流云。有冲动者甚至拉住队伍，不让离城。其后跟随效仿者越来越多，城门前滞塞难行，抬柩人和林启的家人不得不停下。林启的儿子高声大喊："诸位的情谊，我代家父感激不尽，但还请让出路来，使家父回归故土。"这声叫喊，在众人的哭泣和挽留声中显得如此微小，像雪花落入深潭，迅速消融，找不到一丝踪迹。

无奈之下，林夫人将求助的目光投向了高凤岐。高凤岐隔着人群点点头，可是他的大声疾呼也与"雪花"同命。他只得改换策略，拉住最靠近灵柩几人的臂膀："君请节哀，勿扰乱林知府归乡。"

被高凤岐拉住的男子嗓音嘶哑："林知府虽是闽人，但也是杭州百姓的父母官，他为杭人付出甚多，今要离去，我们万难割舍啊。"

男子身旁一位年轻人语气激昂："若不是林知府的蚕学馆，我今日恐怕流落街头，衣食无着。他一心为民，在我们心中早已视之如自家父亲，可否安葬于此地呢？"

此话一出，立刻招来众多附议："是啊，请林大人留在杭州城吧……"

高凤岐掩面，少顷，穿过人群，来到林夫人的轿前："夫人，百姓情深，日月可鉴，不宜强行，我看不妨先回府，再作打算。"

林社外观与内景

林启儿子也表示了赞同："如此僵持下去，恐群众更为激动，父亲生前爱民如子，我们不可如此罔顾啊！"

灵柩又顺着原路回到了林府。

林夫人焦灼不已，隔日请来高凤岐商议："如此耽搁，无法入土为安，我如何对得起他。凤岐，老爷生前最是倚重你，你帮我想想办法吧。"

"夫人万万不要自责。百姓不舍林公，是因为林公在杭主政四年，为民制止祸乱，兴教振业，广济民生。如今溘然长逝，社会窳败，谁还能护佑他们？他们是将林公视为心中神明啊！"

"这些我何尝不懂？但不能葬于家乡，叫我如何面对林家的列祖列宗？"

高凤岐不愿争辩，眼睛微红，沉默半晌，说："大人生前最为牵挂的是什么？是求是书院、蚕学馆和养正书塾，这三所学堂是大人的心血结晶，也是其毕生荣耀。倘能千古之后，观照相依，或可心安。不论其他，窃以为唯此方对得起林公。"

林府上下唏嘘不已。

高凤岐拿出一纸："这是我前些日子整理林知府遗稿时发现的，是他来杭初年冬日赴孤山赏梅时所作，其中有此一句：'为我湖山留一席，看人宦海渡云帆。'这既可以说是冥冥之中的一种预兆，也可以说是大人的心愿。更何况……"高凤岐说不下去了，眼里溢满了泪水。

没有人催促他，等感情的波涛逐渐平息后，他补上了至为关键的一句："大人临终前，还在问我孤山梅花。我总在想，这大概是他最希望长眠的地方吧。"

一片寂然，所有人好像都沉浸于自己的世界，在这个世界里，每个人都用自己的方式与林启对话。从院中望去，山坡演迤而逝，在视野尽头，消失于落日的红霞中。

在家人的安排下，林启葬于西子湖畔、孤山之上。墓前"古之遗爱"牌坊上写有楹联："树谷一年，树木十年，树人百年，两浙无两；处士千古，少尉千古，太守千古，孤山不孤。"言简意赅，寓情良深，余意袅袅。

高凤岐又鼓动众人筹款，于翌年（1901）在墓旁建起林社。自此后，每年的林启忌日，求是书院、蚕学馆、养正书塾三所学堂轮值设祭，来自杭州、衢州等地的百姓均前往祭拜。八年后，高凤岐逝世，亦由其亲友葬于孤山。因感念他对林公事业之尽力辅佐，其时杭州知府林伯颖带头捐资，将高凤岐的线刻画像牌附立于林社。而林伯颖过世之后，其子林长民也选择在林社为父亲立碑。白云苍狗，山河破碎，林社渐成为志士仁人抒发胸中万言和襟底情怀的寄托地。

曾于养正书塾就读的马叙伦，多年之后在其书《石屋余渖》中对林启一生的办学成就作了极为精练的总结，其知杭州府事时，创设新式教育机关三：

　　一曰求是书院，似高等学校、中学校之混合学校，求是递传而为浙江大学堂、浙江高等学堂，国初乃废。一为养正书塾，似中小学之混合学校，养正递传而为杭州府中学堂，浙江省立第一中学校。一为蚕学馆，似职业专科学校，递传而为浙江省立蚕桑学校、浙江省立蚕丝学校。

此三所学堂，历战争烽火而赓续不绝，经世事变迁而发展壮大，在它们基础上所建立起来的浙江大学、浙江理工大学、杭州高级中学和杭州第四中学，育人无数，成果斐然。而林启的一番兴学壮举，对推动杭州乃至浙江教育之发展大局亦产生了深远的影响。

多年之后，林启在孤山补栽的梅树蓊然挺拔，盛开之时，繁茂如云。

一代英雄离去，其传奇与品格横亘天地之间，与日月同辉，与山川同在，引发后人无尽的感怀与向往。2003年，浙江大学牵头重修林社，并在门楣上重写楹联："社结湖山，开两浙新学；情同梅鹤，伴一亭春风。"将林启及其一生的成就和志向凝练于联中。2019年10月7日，求是书院旧址（位于浙江省杭州市上城区大学路160号）作为近现代重要史迹及代表性建筑被国务院核定为第八批全国重点文物保护单位。若林启泉下有知，当可欣慰矣。

风起青蘋之末

历史的进程从不因个人的意志而转移，它或可以说是众力集成的结果，或可以说是自有内在的因循。它不会等着谁，也不会特别偏爱谁。实际上，它只是把无数的生命吸卷进来，任由他们各自攻讦，互相成全；新的自旧的破裂而出，光明从黑暗中挣脱而来。历史既不评判，也不下定论，谁是谁非，荣辱胜败，常由后代人对前代人臧否。壤歌亭外山如画，卧看日升与月落——这也许才是历史拟人化的侧写吧。

在养正书塾的历史上，曾发生过多次风波。风波中的对抗和交锋不可谓不激烈，新的一派愤慨激昂，旧的一脉郁郁离场。暂且不必伤心，历史的前行总免不了牺牲——对于新派来说，抗争的磨难和挫败是必经的难关；对于旧派而言，感情的雾瘴里看不出真理，憾然且无力矣。

至光绪二十七年（1901），养正书塾已历三番寒暑，并依据清廷的要求，更名为浙江官立杭州府中学堂。林启逝世后，总理一职由杨雪渔（即杨文莹）担任。虽然校名改变了，但杭州府中学堂的办学宗旨仍沿袭林启所在时的，以中国根柢之学为重，然而内里却发生了极微妙又极深远的变化。

光绪二十八年（1902）的一天，屋外风声不定，忽而疾烈，忽而飘忽，把天空中本已惨淡的几颗星星吹得七扭八歪，却仍倔强地发出凄迷的光芒。弯月如钩，在乌云中穿梭，时隐时现，总是在人等到绝望时不露痕迹地跳出，带着足以给人慰藉的清光。

屋内的人也在等待着。马叙伦和几位同学围在老师陈黻宸身边，年轻的眼睛中满是崇敬，渴求老师指引他们穿过迷雾。"我近日读完达尔文的《进化论》，感触很深，其曰：'适者生存，不适者被淘汰。'可孰为适者，孰又为不适者呢？况社会之进步竟至如此残酷？"马叙伦的眸中跃着烛光，湿漉漉的，像春日的雨露。

陈黻宸一身布衣，浓黑的眉毛根根竖立，仿佛在宣示主人的狷介耿直。"倘以个人来看，适者生存，恰对应古人所言'识时务者为俊杰'，故有一定的道理。倘以一国或一族来看，则断不可如此简单视之。昔人云'前事之不忘，后事之师'，又云'知往鉴今'，皆是言事之承继，互为因果，前后相证。此亦为史之质，析一事为万事，析一理为万理，是学史之必要；综万理为一理，综万事于一事，是治史之实情。"

窗外的风声不知何时停了，万籁俱寂中，依稀可闻沙沙的声响，仿佛渺远的虚空中在磨着什么，令人期待，也生烦恼。"我知道你们都很关心中国之前途命运，也都怀有满腔热血，渴望一番作为，"陈黻宸的语调没有明显的起伏，面孔却在灯芯猛然一跳时乍放光彩，"不过在我看来，立国之道不外乎政治和教育，而教育又是政治之本。中国欲强盛，必得依托诸生之教育。而教育之事，道德又为根本。修道立德，方是你们当下的重中之重啊。其余诸事，不可焦躁，不可急于求成，不可莽然冲动。"

陈黻宸的眼睛别有意味地扫过身旁年轻的学生，学生们互看几眼，终由胆大的先问出口："先生，下午的事情您已经知道了？"

"我知道你们去找杨文莹总理了，至于内情，并不了解。你们既是为了我去进谏，何不给我讲讲具体情状？"

"我们找到杨总理，只有一句话——"说话人是汤尔和，小个头，却常像个炸弹一样沉不住气，让站在他身边的人心惊胆战，"立刻恢复您的教职，并收回开除那六名学生的成命。"

马叙伦观察着老师的神色，带有几分小心地说道："我们请他依照章程，拿出用膳时破了'食不语'之戒就要开除的规定。可是杨总理说，章程是他制定的，自然由他负责解说。"

"简直是强词夺理！"汤尔和怒发冲冠，"那六名学生，只不过是在用膳时说了几句话，究竟有何罪过，竟至于被除名！"

"并且还连累为他们说情的您。"黄群低声补充。

陈黻宸还是一脸沉静，像一潭深水看不见底。"'食不语'不过是杨文莹的托词而已，他真正看不惯的，是那六名学生对政体的议论。他更看不惯的，则是我对你们的引导。他认为是我对君主立宪制的赞赏，才让你们心思浮动，言行不当。所以说，六名学生被开除，意不在坏膳厅规矩；我愤而辞职，也不仅在为学生打抱不平。一言以蔽之，我与他之间，有极深的隔阂。"

"哼，原来是借题发挥，铲除异己。"黄群讥讽一笑，颇为不屑。

"恐怕没有这么简单，"马叙伦心思沉重，转头看向陈黻宸，"先生，明日——不——只要杨总理一日没有撤销对学生和您的处罚，我们就一日不停地去找他。"

"尔等忘了我刚才说过的话了吗？不可焦躁，不可急于求成，不可莽然冲动。"陈黻宸语调平稳，眼中却带着点泪光，"此事牵涉总理，又是我主动提出辞职，还是我亲自出面为好。你们本就是学生，安于分内事方是不逾矩，先静观其变吧。"

可怜今夕月，向何处、去悠悠

第二日清晨，陈黻宸准备到教员宿舍收拾东西，他是做好了坚定离开的打算。还未走到宿舍，就望见一个瘦削的身影，茕茕孑立于门外。尘雾微茫中，仿佛全天下只剩这么一个孤独的身影。

"杨总理，"及待走近了，陈黻宸的嗓子干干的，勉强挤出一句话来，"尚有几本书和几件衣物，拿好了就走。"

"啊——好，好，"杨文莹没有了之前与陈黻宸对峙时的气势汹汹，好像只是寻常巷陌间最平凡不过的一个花甲老人，"前几日，我言辞过于激烈，事后想来甚觉不妥，望陈先生不要放在心上。"

"杨总理，您这——"陈黻宸乱了阵脚，原以为杨文莹是再来一场论辩的，未料到是这般低姿态。

"陈先生，你可能会在心里骂我前倨后恭吧，"杨文莹神色落寞，"你的大名和才学人尽皆知，林公离任时，特意嘱托我要好生关照你。我却因你为学生辩解而大动干戈，实在不该。养正学子的教导离不开你，恳请你留下。"

陈黻宸

"食不语"一事在学堂内引起了极大的震动，除了出头抗辩的马叙伦几人，还有大批学生为陈黻宸和被开除学生打抱不平，其余私下议论者更是数不胜数。陈黻宸理解杨文莹的苦心，此事一旦闹大，对谁都不利。他偷偷看了杨文莹一眼，杨总理的脸上找不到敷衍与诡计。

"杨总理，这几日我也想了很多。我原以为您开除学生是借题发挥，意在给我以警告。后来我才明白，在此事上毋宁说您是移情寄志。您对朝廷之忠心我已了然，庚子国变后，您忧愤良深，刳肝沥胆，但对维新一派的主张断然驳斥，视之为大逆不道。你我之分别，恰如天渊之隔，实难弥合，唯有分道扬镳。"

"你——你——"杨文莹怒不可遏，"学习西言、西艺可以，但以西政乱我朝纲，就是离经叛道。我泱泱中华，绵延数千年，哪一朝一国未经历动乱，但无一不延续祖宗之法、儒学之礼，为何到了今日，就偏要照搬那夷人之制？"

陈黻宸哀叹一声："我们政见不同，谁也说服不了谁，何苦再争呢？"

"也罢，也罢，你欲离去，我也不强作挽留，只是这总理一职我也不做了！"杨文莹的嘴止不住地抖，"莫要让外人以为是我对尔等赶尽杀绝，我今日断然去职，以自证是尔等对我苦苦相逼！"

"杨总理……"陈黻宸还未来得及劝说，杨文莹已拂袖离去。

又是一个寒月高挂的夜晚。陈黻宸与马叙伦等人聚于屋内，但情绪与前日相比大为不同。灰蓝的天空上，隐隐绰绰几点星光，不一会便被黑暗全部包住。

"这么说，"马叙伦打破了沉默，"陈先生，您已做好离开的准备？"

"我与杨总理的冲突，不是三言两语可以说清。我只能说，对于杨文莹，我敬佩他，却不认同他。"

"先生，那您离开后，不对，是我们离开后，又能去哪里呢？"黄群嗫嚅着。

"若说学习，也不一定非得在学堂，世界之大，社会之广，都是学习的地方。我有一朋友，名赵祖德，拟出资在沪创办一份新报纸，初定名《新世界学报》，既重史学，又传新学，邀我去做总撰述。你们如有兴趣，我可引荐你们任报社编辑。"

"愿意，愿意！"汤尔和率先表态。其余诸人也纷纷点头。

"那么暂定如此，大家打起精神来，想必沪上定有我们施展拳脚的天地。"陈黻宸不忍看他们消沉，可也想不出妥帖的说辞，只能寄希望于未来，那个不确定的未来。

同一晚，举头望月的还有杨文莹。在府上寂寥的庭院仰望，残月无依无靠地悬于高空，云雾遮绕，黑影憧憧，一只蝙蝠从月下滑过，陡觉凄凉无比。他手上握着刚剪去的辫发，为的是向朝廷表示自己坚辞不悔的决绝。在辫发颓然掉落时，一股难以名状的郁孤与怅然涌上心口，他再也扶持不住，一口热血喷洒在写就的辞别信上。"平生报国志，只以訾言毁。堂堂众狂徒，浸淫坏伦纲。而今祸生变，愧耻苟存活。心哀咽松声，魂气自怆然。"墨迹未干，沾染鲜血，浑成暗红，似潇潇风雨打落的霜叶，碾成一地红泥。

学堂的风潮渐渐平息。

是年秋，学堂总理更为潘鸿，陈黻宸一行也落脚上海。光绪二十九年（1903），《新世界学报》停刊，陈黻宸于同年高中进士，授户部贵州司主事，被荐为京师大学堂教习，正式踏入仕途，历任浙江省咨议局议长、浙江省民政部长等职；又因其在史学研究上独树一帜、见解深刻，名震学界。马叙伦辗转各地，一面担任教职，一面不间断地阅读，后于 1911 年东渡日本，在章太炎的介绍下加入同盟会，从此开始了著书立说的爱国民主活动，在近代史上写下了浓墨重彩的一笔。至于杨文莹，则于光绪三十四年（1908）溘然长辞，其离世四年后，清王朝倒台。世界轰然一变，新旧势力的交替再也无法逆转。

———

在时局的影响下，杭州府中学堂的名称和建制也几

杭州第四中学

经更替。

因清廷推行"癸卯学制",中学堂于光绪三十一年（1905）改为学制五年，开设科目更是增至十二门，涵盖了修身、读经讲经、中国文学、外国语、历史、地理、算学、博物、理化、法制、图画、体操等，包罗丰富，但遗憾的是，原定六十名的学额始终无法招满，从光绪二十七年（1901）到光绪三十年（1904），仅有学生十六名。

其后，光绪三十一年（1905）九月二日，在袁世凯、张之洞等六位督抚联衔奏请下，延续千年的科举取士制度被废除，在学子士人的精神世界中产生的震荡，其剧烈为千年来之未有。此后，杭州府中学堂学生渐多，教学和行政人员也更趋完备，逐渐形成现代中学的雏形。

辛亥革命前夕，浙江省咨议局将杭州府中学堂调整为浙江官立第一中学堂。辛亥革命中经过短暂的休课后，于翌年重新开课，并改为学制为四年的省立中学。1913年，获得了新政权下的新名称——浙江省立第一中学校。在风雨如晦、鸡鸣不已的近世，省立一中的学生多次参与爱国民主运动，为"少年强则国强"做了真实有力的注解。

　　白云悠悠，山河巨变，这所由林启从"耶稣"手下夺来的养正书塾，拊桑海而曲终，成为今日杭州高级中学和杭州第四中学的前身，被后世誉为开浙江省普通中等学堂之先河。

养正书塾历史沿革情况

光绪二十五年（1899）五月，养正书塾在杭州大方伯圆通寺开课。

光绪二十七年（1901），根据清廷颁布的《兴学诏》之规定，养正书塾改名为浙江官立杭州府中学堂。

光绪三十一年（1905），依据清廷颁布的《奏定中学堂章程》，改学制为五年，并设置行政人员和教学人员，配备监督、掌书、文案、会计、庶务各一人，监学二人。

宣统二年（1910），依据浙江省咨议局关于"本省各府设立一所中学堂并以序数名校"的决议，浙江官立杭州府中学堂改名为浙江官立第一中学堂。

1913年，改名为浙江省立第一中学校。

1923年，因学制改订，浙江省立第一中学校与浙江省立第一师范学校合并，新成立的学校校名为浙江省立第一中学，分初、高两级。

1927年，浙江省立第一中学与浙江省立女子中学校合并，校名仍为浙江省立第一中学。

1929年，浙江省立第一中学一、二部的高中部，浙江省立第二中学的高中部，浙江省立高级商科中学，以及浙江省立第三中学（在湖州）、浙江省立第四中学（在宁波）、浙江省立第五中学（在绍兴）、浙江省立第八中学（在衢州）的高中部，合并成立全省唯一的高中，名为浙江省立高级中学。浙江省立第一中学一部、二部的初中部仍称浙江省立第一中学，专办初中。1930年，二部独立为女中，是今杭州第十四中学的前身。1933年，一部脱离本校独立出来，名为浙江省立杭州初级中学，是今杭州第四中学的前身。

1951 年 7 月，杭州市立中学并入浙江省立高级中学，使学校再次成为有高中和初中两级的完全中学，并改名浙江省杭州第一中学。

1969 年，改名为杭州炼油厂"五七"学校。

1971 年，改名为杭州第一中学。

1988 年，改名为浙江省杭州高级中学。

本章主要参考文献

1. 《浙江省杭州府志》卷十七《学校》，成文出版社有限公司，1983 年影印本。

2. 张立程：《西学东渐与晚清新式学堂教师群体研究》，博士学位论文，中国人民大学历史学院，2006 年。

3. 葛元元：《陈黻宸及其史学》，硕士学位论文，河北师范大学历史系，2017 年。

4. 许嘉璐主编：《马叙伦全集·石屋余渖　书屋续渖》，浙江古籍出版社，2018 年。

5. 陈德溥编：《陈黻宸集》，中华书局，1995 年。

6. 张彬主编：《浙江教育史》，浙江教育出版社，2006 年。

7. 汤志钧、陈祖恩、汤仁泽编：《中国近代教育史资料汇编·戊戌时期教育》，上海教育出版社，2007 年。

8. 邵祖德、张彬等编纂：《浙江教育简志》，浙江人民出版社，1988 年。

9. 林辉锋：《从史学到文字学：马叙伦早年学术兴趣转变的内在思路》，《中山大学学报》（社会科学版）2007 年第 5 期。

10. 洪昌文：《晚清杭州近代教育的兴起》，《杭州师范学院学报》（社会科学版）1982 年第 2 期。

11. 徐吉军、郑黎平：《论近代浙江的兴学活动》，《浙江学刊》1997 年第 6 期。

12. 陈可畏：《略论清末浙江的兴学运动》，《浙江师大学报》（社会科学版）2000 年第 2 期。

13. 张彬：《从浙江看中国教育近代化》，广东教育出版社，1996 年。

14. 郑登云编著：《中国近代教育史》，华东师范大学出版社，1994 年。

15. 朱有瓛主编：《中国近代学制史料》第二辑，华东师范大学出版社，1987年。

16. 郑晓沧：《戊戌前后浙江兴学纪要与林启对教育的贡献》，载中国人民政治协商会议浙江省委员会文史资料研究委员会编《浙江文史资料选辑》第一辑，1962年。

17. 柏生：《著名教育家马叙伦》，载浙江省政协文史资料委员会编《浙江近代著名学校和教育家》（浙江文史资料第四十五辑），浙江人民出版社，1991年。

18. 董舒林：《省立杭州高级中学》，载浙江省政协文史资料委员会编《浙江近代著名学校和教育家》（浙江文史资料第四十五辑），浙江人民出版社，1991年。

第四章

以生命成就的惠兴女学堂

当生命消失于天际

烛火在风中摇曳不定，有那么一瞬间，就像要熄灭了。冬日的狂风从打开的窗户呼啸而入，仿佛嘶鸣的野兽——愤怒、不甘、屈辱、悲郁。瓜尔佳·惠兴出神地望着一室阴寒黑暗中唯一的一点光亮，看着它与狂风不屈地抗争，总是在将灭未灭之际，奋身一跃。她感到眼眶发酸，明明是热泪，滑到脸上却感到一丝凉意。下意识地伸手摸摸脸，竟是发烧般的滚烫。

不，是比发烧还要难耐的热。她不得不用双手撑在桌上，好让自己勉强站立。风愈来愈烈了，刮在脸上抽痛的感觉让惠兴大口地喘息起来。她扶着桌沿，慢慢坐下。手已冻得没了知觉，张开又握紧，如是几次，终于能够提笔。信是写给杭州驻防将军瑞兴的，由于过于激动，气息不稳，行笔草草，线条粗疏，然而内容久蓄于胸，下笔时没有一处停顿犹豫，未几禀帖即成。惠兴疲惫地靠于椅上，仿佛被抽走了全部气力，可是心中却涌上一股快意。

这份快意就像烛火临灭时的一跃，刺激她完成了后面的事情。她将禀帖和一份账单折好，放于身上。端起手边的一盏碗碟，大口吸入鸦片，苦涩的滋味充溢喉间，令她作呕。她不得不停下来，喝了一大口水，稍微缓解以后，端起碗碟猛一仰头，全部倒入口中。胃里一阵鼓胀，使她歪倒在桌边，又洒下一串泪水，说不清是因为难受还是恐惧。

她紧紧地盯着火苗，仿若要从它身上汲取力量一般。头越来越昏沉。"不行，决不可退缩。"惠兴扶着墙一步一步往外挪。终于还是坚持不住，"哐当"一声，破门而倒，整个人瘫软在地上，只有脖颈还倔强地向前伸着。响声惊动了府内上下，几名下人匆匆赶来，惊慌失措地将惠兴抬到床上。

惊叫声和哭喊声接连不断地从屋中传出，却被四下的风声卷得缥缈无迹。一个丫鬟发现了碗碟中的黑色残留。"这是鸦片！夫人莫不是……"她惊恐地捂住嘴，不敢说下去。惠兴脸色苍白，却分外平静，用一种超然物外的神情看着家人。"不要难过了，这是我自己立下

惠兴女士遗像

的誓言。"她的眼神上移，仿佛在注视着很渺远的什么，没人知道那是什么，也许只是一片虚空。"死不足悲，可悲的是死而无补。"惠兴的气息又弱了三分，她的手在身上摸索。"快去请佐领贵林，这份禀帖要交与他，请他代我递上，如此定可有长年经费。"惠兴最为信赖的小姑跪在床边，握住她的手，泣不成声，只能用力地点头。

惠兴的头侧向一边，不再费力地呼吸，像一朵昙花悄然合上了花瓣。窗外的大风似不愿惊扰她，转为低沉的哀鸣，将这份悲壮传向无尽的旷野。烛火弯下腰来，只留小小的一点红，发出来自万丈红尘之外无声的呜咽。

光绪三十一年（1905）十一月二十五日，三十五岁的惠兴结束了自己的生命。

一个满族女子的觉醒

这是甲辰年（1904）一个斑斓的春日。杭州城的一切都从冬的萧索中苏醒过来，目力所及，皆为艳丽。

这份锦绣仿佛与惠兴无关，自从十四年前丈夫过世，她久居深闺。可是这世界上的事，还是无法隔绝，从上学堂的儿子金贤口中，从走动的丫鬟的窃窃私语中，她得着了不少消息——她知道外面正发生着前所未有之激变。最令她骇然的还是金贤带回来的一本书，封面上的几个大字惊得她险些将书掉在地上。《革命军》，她抚着胸口暗想，"革命"二字竟可以这样堂而皇之地说出吗？她惴惴不安地翻开书页，通篇所叙，全为对满族的痛诋。

她把儿子叫来："你们在学堂读这种书，先生不骂吗？"

"骂？先生还说写得好呢。"儿子颇不以为然。

"满族乃中国最高等之贵族，怎可这样诋毁？难道先生也是这样认为的吗？"

"先生说，如满族再不觉悟，离亡国也不远了。这本

157

惠兴女子中学校
舍（1934 年）

书的作者邹容，不过是康、梁一派的一分子，海外同道
者如过江之鲫，他们编书著报，大力弘扬，以至汉人国
魂觉醒，革命排满之风潮日高。"

"世道竟是如此了吗？那先生有没有说该当如何？"
惠兴心头的忧虑浮上眼底，使她的眼眸覆上一层凄迷的
神色。

儿子扫了惠兴一眼，不懂她为何对此如此感兴趣，
却也有些小小的得意和兴奋："先生所言极为坚决，我
族必当与过去一刀两断，推翻数百年种种之劣根性，而
吸纳新精神、新道德，重铸国体。若要实现此目标，新
学之外，绝无他法。"

"新学？"惠兴重复着这两个字，仿佛是咀嚼一枚坚

果，初咬时十分费力，及至破开竟袭来一腔苦涩的清香。

儿子亲昵地走到母亲近前，很为在家中能找到知音而高兴："奶奶（满人称母亲为"奶奶"），听说积善坊巷那里要开一所女学，是由蚕学馆首任馆正邵章牵头创建。邵章其人，杭州谁人不知？他与前任知府林启过从甚密，林启的那几所新学堂，他也参与颇深，在杭州学界可谓一大人物。"

"邵馆正的大名当然是如雷贯耳，他此番牵头的这所女学，我倒真想去看看。你知道，我向来是喜好读书的。何况如今这新学竟与满族存亡相连，我……"惠兴突然有些不自然起来，她想到自己的年龄，怕不免会遭人背后议论。

儿子一眼看穿她的动摇，像一只小猫轻轻依偎上去，用一种近乎毛茸茸的稚嫩语气鼓励她："现如今汉人女子入学早已不再新奇，为何我满人就要落于其后？奶奶，我支持你去。"

孩子温热的身体如秋日暖阳让人感到和煦、舒适，惠兴望着墙角的一簇月季，从肃秋到初春，花朵由枯萎至饱满，花色也从深褐变为浅粉，生命非但不是由盛而衰的过程，而是以怒放作最后的归宿。她下定了决心。

女学堂还未正式开课，院中尚不见年轻女子的身影，只有几人在做收拾、洒扫的准备工作。惠兴不敢迟疑，她觉得自己的勇气像一条小金鱼，稍有不慎，一甩尾，恐怕会消失不见。她问一名正在低头扫地的男工："监督在哪里？"男工一抬手："你来得正巧，监督今日刚到，正在室内与人议事。"她看到一所偏房，由于日光正强，反衬出屋内的晦暗，虽然房门大开，却看不分明里面的情状。

她拉拉丫鬟的袖子，示意跟上。她们从亮处走来，却被居于暗处的人看个清楚。"这位夫人有何贵干？"一声颇为严厉的质问，猛地吓住了惠兴。她收起脚步，有些张皇："我……我是来学堂报名的。"邵章自屋内走出，惠兴也得以见其真容。"威仪"，这是她首先浮于脑中的词汇。她与汉官接触不多，这样的气度是她少见的。

邵章上下一扫："夫人是何身份？"

"我是杭州驻防镶蓝旗已故附生吉山的孀妻瓜尔佳氏。听闻此处开办有女子学堂，特前来报名。"

邵章毫不掩饰满脸的诧异："夫人是想入汉人的学堂？"

被这样一问，惠兴也不确信起来："不知有何不妥？"

邵章没有回答，转身回到室内，一阵私语过后，惠兴听到有人高叫："非我族类，岂可入学？"也有人附和："真是荒唐！我们办学，他们满族官员给了多少阻挠，如今倒想着便利。是可忍孰不可忍，让她快走吧！"

惠兴焦灼起来，一步踏入室内："我不知众老爷为何如此动怒，但如京师大学堂、译学馆，再如五城、实业各学堂，莫不有满人厕身其间。我一心向学，如何就不可入此杭州女子学堂？"

这一步踏入，让惠兴看清了室内。屋内不过四五人，除邵章外，还有陈汉第、陈敬第、宋恕，都是杭州城鼎鼎有名的才子。当然，惠兴黯然地想，他们也是报章上常提及的"维新人士"。

邵章不出声地瞧着惠兴，他的眼虽在惠兴身上，神却不知停驻何处。天空来了一朵大而乌的云，挤压着周边的云朵，一片片压将下来，遮蔽了些许光线。邵章的脸在浮变中忽明忽暗，终于蒙上一层灰色，像用铅笔擦上的阴影，随着嘴唇的张合而颤动："方才的话你也都听到了，还是请回吧。"

丫鬟早被吓得魂飞魄散，不停地扯惠兴的袖角："夫人，我们快走吧。"惠兴羞愤难耐，也想赶快逃离。

回程的马车上，惠兴没有忍住，泪水喷涌而出，模糊了视线。车外的风景，花树、街市、楼阁，顿时失了颜色，只剩一片面目不清。丫鬟在耳边说着什么，每个字都恍惚，意思渺茫。伴着马夫的一声长吁，马车猛地停了下来。"是贵林佐领。"这几个字总算是飞入了惠兴的脑中。

"我看到夫人的马车自东平巷而来，冒昧探问，是为何事？"

惠兴望着贵林，只感到好似一棵树立在车外，遮住了其后的繁乱。贵林与父亲是故交，极重情义，自父亲和丈夫相继离世后，时来关切，对于惠兴来说，是一个十分敬重的前辈。然而此刻，她却说不出一句话来。"夫人想报名女校，被屏退回来，备受羞辱。"丫鬟嘴快，告了一状。

贵林心有戚戚焉："近来新学颇为蓬勃，尤以汉人为重，满人之中听闻南京驻防营欲创办一所男学堂，却未曾听说有女学堂。倘满人有自己的女学堂，想必夫人既可了结心愿，也不必受此差辱。可惜可叹啊！"

贵林的话点醒了惠兴。"佐领大人，您说我们创办一所满人的女校，此事可行否？"

"甚难，甚难，"贵林摇头，"创办男学堂尚且屡屡碰壁，在此之前，还有为了激发满人对新学之重视而自尽的旗人，若非走投无路，何至如此悲壮？你一女子，恐怕行事更难。"

这些原本是为劝阻惠兴而举出的例子，到了惠兴耳中，却成为刺激她的力量："听您刚才所言，满人已有觉醒，我身为满族一员，又有何惧？佐领大人，我心已决，恳请您能多加协助。"

"若女学建成，实乃我满族振奋之始。如此功德无量之事，我定当全力襄助。"

贵林意味深长地看着惠兴的马车走远，此事之难，他的心中可摹画出七八分轮廓，然而对于惠兴来说，却是一个零的想象。也许，她的勇气正来自于未知；又或许，正是前路未卜，才令她踌躇满志。

我以我血祭誓言

春风吹皱了池水，荷叶在风中左右轻摆。一摇一摆之际，绿叶愈发地伸展，莲苞渐次绽放——炙热的夏季到了。在贵林几乎要忘了这件事的时候，他收到了惠兴的请帖。光绪三十年（1904）六月十六日，惠兴将动员了许久的多位享有名望之人聚于一堂，商谈创办学校之事。

贵林到的时候，屋子里已有约二十人，以女眷居多。叽叽喳喳的聊天声让贵林头疼，虽在意料之中，却也不免让人心生烦厌。

"佐领大人，这边请。"惠兴很谦逊地将贵林引至上座，这份谦逊就像稻穗朝土地弯下腰来，带着很深重的期盼。今日的惠兴看起来大为不同，脸上的光彩异乎寻常地发亮。

"三多夫人、莲君女士，还有在座的诸位，我奔走多月，今日将大家邀请至此，是因为筹措女学一事终有眉目了。"惠兴眼眸发亮，嘴角带笑，"我已赁好旗营金钩弄的一处房舍，可用作学堂。此外，也从各处筹得经费，虽然暂时还无长年的款，但目前所集已有三百余元，

163

足可应付开学。未来还须仰仗诸位，助惠兴力成此事。"

惠兴一番激昂陈词，座下应者寥寥。三多夫人，一个矮矮胖胖的妇人，翡翠手镯紧紧地箍着白嫩的手腕，一说话，腮上的肉也跟着抖动："这次募款，大家都颇为不易，听你刚才的话，此事还有后论？要知道，世道不太平，经费吃紧，大家拿出这些钱来可谓是倾囊相助了，若是年年岁岁如此，怎吃得消？"

一阵附和声起。贵林恨不得耳朵可以自动闭上，因为这些丧气话、打击话，他听过数遍。

"惠兴今日所做，全不为己，而为我族。南皮先生（即张之洞）在《劝学篇》中言：'古来世运之明晦，人才之盛衰，其表在政，其里在学。'汉人于此，洞彻分明，积极谋事。我族再不幡然醒悟，力图补救，则恐日后为他族之奴隶。"

这并不是贵林第一次听惠兴讲这些话，可内心依然鼓荡不已。他不忍看众人对她的诘难，便闭上眼，竟隐隐听到炮声，看见紫禁城的冲天火光——这是庚子国难。再睁开眼，火影烟尘都已不见，看到的是惠兴袒露的手臂。

惠兴一手握刀，一手前伸，在旁人的惊叫中，挥刀于臂上一割，一片白肉立时削落，鲜红的血顺着刀口往下滴。她的声音颤抖起来，脸上却找不出一丝波澜："今日权且作为杭州旗城女学校成立之日，为感谢诸位抬爱，我以此血为纪念。现当众立下誓言，如此校关闭，我必以身殉之。"

三多夫人腮上的肉抖得更厉害了，可是说不出一个字来。全屋的人都呆住了。

贵林站起身来："我族能有惠兴这样大侠大义之女子，实乃千秋荣光。其刺臂于众，血溅当下，足以表明笃志为学之决心，亦袒露振作民族之心声。今之所见，相信无人会无动于衷。此一女学堂，当为旗人之责，我等必鼎力成之，方不致背负此心、有辱先祖。"

回应贵林的是令人难堪的沉默。

窗外的暑气使得屋内憋闷不堪，有人提议商谈就此结束，早点散去，以防身体不适而晕厥。其余人等像得着了救星，连连附和。惠兴用白布绑好手臂，一一相送。轮到贵林时，她露出了感激的笑容，为发白的嘴唇渲出一抹绯红。贵林看到阳光在她身后的窗纸上摇出点点金光，很有一种圣洁的味道；可是于此神圣之中，总有一丝无法言说的隐忧，挥之不去。

行至山穷水尽处

"三太太！三太太！"惠兴的呼喊一声急于一声，招来了室内一桌人的不满。

"她来干什么呀？"三多夫人的女儿，七八岁的年纪，在她还很短的人生经历中，从未见过一个女子如此失态，与奶奶、姐姐一直以来对她所讲的女子仪态当温婉高雅相去甚远，于是十分好奇地问道。

三多夫人将筷子啪的一下摔在桌上："天天来，日日烦，到底有完没完！"这一摔，震得旁人悚然一抖，无人敢应声。

丫鬟非常识趣地跑出去，用身体把惠兴拦在门外："三太太正在用膳，不方便见客。夫人，请回吧。"

"我知道她在用膳，可是我日常过来，不是说出去了，就是身体有恙，所以我只得找这时辰过来，想必她无论如何总得吃饭吧。这也不得见、那也不得见，让我怎么办？"

丫鬟支支吾吾说不出一句整话来，但就是挡着惠兴进不了半步。

"三太太，贞文女学的经费见绌，您答应的捐款何时可交予我？如再延宕，恐要关门了。"惠兴别无他法，只好扯高嗓门，尖利的声音像浸透了苦水，委实刺耳，也令人心悸。

三多夫人始终没有露面。

惠兴失魂落魄地走在回府的路上。轿子已经变卖，家中细软能当则当，仅剩一具空壳。先前数位在捐款书上签字的人，皆以各种理由对惠兴避而不见，而他们所答应的款项，全变成了一纸空文。为了维持贞文女学堂，惠兴已将所有家产补贴馨尽。她一步三晃，似醉酒一般，不成调地唱了起来："人海阔，无日不风波……"

《杭州府志》上对惠兴女学堂的记载

官府的马车呼啸而过，马蹄掀起的团团灰土迷蒙了视线，惠兴一激灵：还有最后一途，上呈禀文，请官府拨款支持。以自己的身份，此事想必可成。灰尘散去，牌楼重现于日光之下，惠兴在心里对自己说："断不可轻言放弃。"

哪知根本入不得官门。惠兴再三禀明是前任协领昆璞之女，守门人却不肯通融丝毫，两条短粗的眉毛一上一下地抖动，像抑制不住笑意。"我知你是谁，也知你所为何事——为学堂筹款嘛，"嘴角露出一丝冷笑，"全杭州驻防营都晓得，天下最好事者，唯有瓜尔佳氏者也。"话里如夹着冰刺。

又一次，惠兴脚步踉跄地往回走。牌楼在她眼前颠倒旋转，天，不再是高悬于顶；地，也承托不住她的身躯。天地之间，似乎不再是她容身所在。她听得到耳边人群的喧哗，却像来自另一个世界般遥远。孤寂、悲绝、愤激，几股情绪交汇起来，随着血液在四肢碰壁，在胸口奔涌，化为破釜沉舟的力量。

她避在路边，等待巡捕官的轿子。世界在她眼中成了一幅庞大的写意画，巡捕官的轿子被点染上了最为浓重的墨色，其余山川人等全数淡化为轮廓不甚清晰的背景。她看着这团墨色越来越近，逼至身前，一步跨出，跪于轿外："大人，我乃满人瓜尔佳氏，恳大人俯赐一阅禀帖。"轿夫急忙稳住脚步。突如其来的冲刹令坐于轿中的巡捕官十分不悦，轿帘未掀，只传出烦闷的呵斥："递禀帖须提至官府，当街冲撞，是何居心？拖走！"官兵不敢迟疑，上来蛮力拉扯，惠兴在几番挣脱后由于体力不支晕厥过去。

前路崎岖，孤身奋勇

"空空的，"惠兴一睁眼，所有的一切都是空空的，"空空的屋子，空空的心思，空空的希望。"

丫鬟见惠兴喃喃自语，双眼无神，惶恐地问道："夫人，您醒了吗？可有哪里感到不适？"

"啊——"惠兴好像刚刚发觉身旁有人，"家里还有什么值钱的东西？"

"没……没有了，"丫鬟环顾四壁，往后退了几步，"夫人，我给您打水擦脸吧，这样可以舒服些。"

惠兴扫见丫鬟盛水的铜脸盆："这个，拿去当了。"

"夫人，当了这个脸盆，拿什么洗脸呢？"

"脸？"惠兴哼了一声，"我还有什么脸吗？今日市街一闹，想必早已传为笑柄了。"一行泪流过嘴角，咸涩的滋味拦截了后面的话。

她扶着床慢慢起身，推开丫鬟上来搀扶的手："快去吧，我还要写几封信札。回来后把钱放在桌上就行了，晚膳不用叫我。"

房内复又空荡。惠兴也已习惯，无论何时、何处，自己总是那个落单的人。在婚姻上，丈夫早逝，她孀居多年；在事业上，她倡立女学，应者寥寥，更为寒心的是，竟沦落为众人的笑料。长路崎岖，人生如寄，奔波半世，得功成之事未有几桩。生不能尽，死又何惧？

惠兴铺展纸墨，将这股淤塞于心的刚烈和不平倾泻于笔下。很快，她草成了写给贞文女学堂学生的遗书。

众学生鉴：

愚为首创之人，并非容易。自知力弱无能，初意在鼓动能事之人，如三太太，凤老太太，柏、哲二位少奶奶，以热心创此义务。谁知这几位，都厌我好事。唉！我并非好事，实因现在的时势，正是变法改良的时候。你们看汉人创兴学务，再过几年，就与此时不同了。你们不相信，自己想想，五六年前是怎样，这两年是怎样啊！我今以死，替你们求领长年经费，使你们常常在一处上学。但愿你们都依着"忠孝节义"四字行事，方于世界有益。我今虽然捐生，这不叫短见，这是古时定下的规矩，名叫"尽牺牲"，是为所兴的事求其成功。譬如为病求神保佑，病好之后，必买香烛还愿。如今学堂成了，就如同病好了，这个愿一定是要还的。女学堂如病人，求长年经费的禀，如同病方，呈准了禀，如同病好了。我八月间，就要死的，因为经费没定准，没钱请先生，只得暂且支吾。我有些过失，几乎把你们都得罪了，望你们可怜我些，不记恨我，则我虽死如生矣。你们不必哭我，只要听我一言，以后好好事奉先生，听先生教训，总有益于身的。与外人争气，不要同部人争意气，被外人笑话。话长心苦，不尽所言。

十一月廿三

未作停顿，惠兴又写好分至三多夫人和莲君女士的遗书，希冀怜其志气，代其完成未竟的事业。放好遗书，又将禀帖拿出，在帖上附一纸："恳公爷将军大人俯赐栽培，速定长年经费，以终女学校事。"叠好所有信札，走出房门，看到丫鬟已将典当的钱放在桌上，便拿钱向外走。

天已全黑，一颗孤星挂于天穹，在月的惨白下瑟瑟闪动。夜的黑纱裹住了惠兴的身影，她怀揣买来的鸦片，就在孤星的一明一灭之际，隐没在浓雾中。

虽死之日，犹生之年

　　惠兴的死讯震惊杭州全城。在其之前，为女学奔走者尚无几人；为其殉身者，更是闻所未闻。一时之间，讥笑、毁谤之声消弭，人人陷入沉默。可是这沉默之中，却包含着各自不同的意蕴。

　　三多夫人在愧疚中夹杂着一丝庆幸：此事果然甚艰，幸亏自己及早脱身，否则又是一番劳心伤力，还不得善终。贵林在愧疚中则溢满了隐痛，极为懊悔未能在惠兴生前给予更多的帮助和支持。但他也十分清楚，沉疴缠绕的社会非一剂强力而不得清醒，惠兴的殉学是一片死寂中最先冲破冻土的嫩芽，后继之人唯有极力呵护此嫩芽，使其成长壮大，并带动其他树木生长，如此方可蔚蔚成林，告慰先驱。而在邵章等人这一方，愧疚之下是发自肺腑的尊崇，是对志同道合者阴阳相隔的慨叹和惋惜。

　　最先行动的自是被惠兴寄予厚望的贵林。他将惠兴的遗禀交予八旗协领，嘱其务必交与将军瑞兴。"并且，"他倾身向前，压低声音说道，"惠兴一死，影响颇大，依照旧例，是否应予以旌表，请大人定夺。"低着头，

172

恭谨地等待着。

协领摸摸胡须："此事我自会呈文给将军，惠兴牺牲以成学，论理是该赏一匾额。不过嘛，私立学校，不自量力，真乃妇女之愚见。"

贵林没有抬头，额上的青筋凸起，话像是从牙缝中挤出来一般："若说不自量力，窃以为我中国大局之所以有今日之衰弱者，皆由此一语所害。知其不可为而为之，素为高贵义侠之特质，近年却失堕将尽；经惠兴这一激动，则遗传之特彩，复表白称道于世界。依我愚见，实乃功德不可限量矣。"

"哼！多事、生事，竟不知何来的自信。你且等着吧。"协领扭身离开。

九日之后，协领把将军的批文甩给了贵林："尔等可满意？"

贵林不去理会这话里的嘲讽，只把批文接来细细地看："该氏为学殉身，冀酬夙志。似此热心义务，洵堪为八旗巾帼生色。亟应从优奖恤，扶成善举，以慰贞魂而维风化。照请赏给'义烈可风'四字匾额一方，并就应否请旌表，及应如何设法维持女学之处，查明例案，妥筹善后。"

短短数行，已是莫大安慰，贵林躬身："多谢将军大人和协领大人体恤。"

"你要谢的还不止于此呢，将军委派你为贞文女学堂总办，责你设法维持女学，并发扬光大。"

"这，可这毕竟是女学，我若出面，恐有诸多不便。"

"呦，贵林佐领的豪气哪去了？前几日还在我这里慷慨陈词，今日真要担事，退却了？"

"大人误会了，只是惠兴生前举荐三多夫人代其任总办，莲君女士为副校长，此为遗志，自应遵从。"

"此二人全都拒绝了，"协领斜睨着眼，"杭州驻防八旗公举由你接任，说你既熟悉学务，又颇有心得，我看就不要推脱了吧，否则岂不与那些妇女一般，话大心空，眼高手低？"

话听着刺耳，但确实如此，贵林不忍再一次辜负惠兴："我自当勉力为之，请将军和协领放心。"

"佐领有心就好。关于惠兴的追悼会可有什么想法？"

惠兴女士墓遗址

"我已写了《杭州惠兴女士为兴女学殉身节略》分寄各处，并在学界之中成立豫立会，追悼会将以豫立会的名义，号召各方。"

"这样也好，为我省了不少事，就依你的安排去办吧。"

贵林上马离去，人声的喧闹落于其后，只有侵入骨髓的寒冷伴着他，疾驰过岁末的杭州街道。

光绪三十二年（1906）三月八日，豫立会为惠兴召开了追悼会，旗营各学堂学生均整队来公奠，汉人学生亦到会不少。贵林在会上讲话时，几度哽咽，他对惠兴的褒奖超越满汉之分，认为其是全国女性的楷模、全国学界的引领：

"惠兴读书阅报、感愤时事，乃以提倡女学自任而实行之。虽因汉城某女校出排满之悖论，而感奋兴起以经营之，然其校章则不拘满汉之女，皆可入校。质而言之，惠兴非杭州驻防人，乃世界之大人物也；非一世之人，乃百世之大人物也。惠兴一死，我大清三百年之死历史为活历史，我族高尚之特性可以表白于世界，我东亚女界数千年之黑暗可以复明。"

回应贵林的终不再是沉默。有人高声应同："惠兴虽死，犹贤于生！"有人低啜，有人凝思，但无一人不触动。

不负先贤，不辱使命

　　惠兴死前的情形在贵林脑中盘桓不去。当时，他被惠兴的家人请来，一入房门，便看到惠兴双目紧闭，似是离去。他走至近前，丫鬟一声"夫人，贵林大人来了"，惠兴竟睁开了眼睛。

　　"为何服药？"贵林无意责备，可话一出口，就像不受控制的鸟儿，飞离了本意。他试着安慰惠兴，虽明知早已无济于事："经费一事，总有解决的法子，何至于如此苦绝？"

　　"为女学堂死，是世情迫我至此，但我心甘情愿，"惠兴的眼珠转了转，目光投向手中的禀帖，"求大人代我将禀呈上，则感激不尽了。"

　　贵林还未及回复，惠兴的眼睛又闭上了。她的眼皮微颤，似是十分努力地张开，然终未能成功。这双看穿时局、望向未来的眼睛，从此再也没有睁开。

　　贵林从回忆中醒来。暮色四合，他发现自己居然倚在窗边睡着了。自从接过将军的任命，以贞文女学堂总办的身份多方奔走，处处碰壁，他才真正感受到惠兴的苦痛。以他的职务和地位，竟至如此，更何况身无任何要职的惠兴。

前几日，他亲赴浙江武备学堂总办三多的府上，却吃了闭门羹，也只得压制愤怒，致书一封，恳请三多夫人遵惠兴遗嘱，悯其苦心，能够出面相助办学，并代他劝说莲君女士出任校长。"惠兴为提倡女学，开通民智，慷慨而肩义务，激烈而矢牺牲，吾等为其同胞挚友，当竭力护其遗愿，以告慰其在天之灵。"贵林写得言辞恳切，但今日收到的回复，却令他几乎失控。

信是以三多夫人的名义写的，至于究竟是三多还是其夫人之意旨，或是二人早已达成一致，贵林没有精力深究，但见白纸黑字，涂写竖行，真如剜心之隐刀："佐领之约请，恕不能应承。倘才如我公、热心如我公尚思

惠兴中学一侧

卸肩，天下事将谁任邪？希我公力任其难是盼。至于代转莲君女士一事，惟贤者知贤，不贤者不知贤，不知贤即不敢荐贤，恕难从命。况女士有自由权，他人不得干涉焉。"冠冕堂皇的说辞，无懈可击的推脱，如此一番"聪慧善言"，让人无语反驳。贵林把信撕了个粉碎，纸屑掉了一地，散发出被肆意轻贱和背叛的愤懑、哀伤。

可贞文女学堂是一日也等不了了，思来想去，贵林只得请自己的母亲暂任校长一职。他找来好友宋恕，聘其女宋昭担任教员，通过一番游说，设法稳住已生去意的其他教员。其余诸事，虽尚无眉目，但所幸贵林并不是孤身奋战。他从协领那里得到消息，为惠兴请旌的奏折得到了学部官员的回复："惟该氏自二十岁时夫死守节，十有五年，现已身故，例得旌表，应由礼部年终汇奏，行文杭州将军，照例办理，以资观感而敦风化。"

"皇帝已经批准了学部的上奏，赐惠兴'节妇'称号。既然朝廷如此肯定，想必对学堂的支持不日也会有所改善。"协领的语气较以往平和了些许。

"此称号虽没错，却……"贵林有些迟疑。

"太后对兴办女学的态度尚不明确，学部自有其顾虑，既不可率先认可女学，又不好对惠兴一死所引发的震动置若罔闻。故而以一番避重就轻的说辞，先平复民心。"协领眼神复杂，"这其中门道颇多，与你也说不明，不过你自当放心，长年经费十有八九会得到筹发。"

"此一事，将军大人和协领大人操心甚多，贵林感激不尽。"贵林心中明白，若没有瑞兴的推动，惠兴的死恐怕如石子落潭，一声轻响后便沉寂水底，再无波澜。

"将军的认可确实至为关键，不过你有所不知，日本留学八旗同乡会通过公使杨枢向浙江当局施以舆论压力，也起到了推波助澜的效用。我这里有他们写的公启，看了之后这心里……怎么说呢，也许这世道真的要变一变了。"协领的眼角耷拉下来，气焰消减，一副心有所动、莫可名状的样子。

贵林接过协领递来的公启，上面写道："吾侪留学异域，受刺激较惠兴烈，察世变较惠兴大。故处今之日，度今之势，何以有独立生活根据地？曰：惟学堂。何以养免死亡、减苦痛、为国家优等知识人民之资格？曰：惟学堂。苟支持十年或二十年，将自奋自起，毋待烦言。故自今以后，勿视学堂为分外事，当视学堂为分内事；勿以学堂为出身之途，当以学堂为求生之地。"

惠兴女学堂校徽

文虽昂扬，却难掩悲壮，贵林默想，惠兴殉学实乃悲壮；同胞奋起呼喊以唤醒沉睡之人，也包藏着无法直言的悲壮。然则学堂重开指日可待，即可谓悲而无哀，壮以继志，恰如中国画之设色，一个绿点便象征着满含水分、青翠欲滴的春露，女学之兴起也预示着一个新时代即将来临。

追悼会后二十余天，四月初一（4月24日），贞文女学堂更名为惠兴女学堂，重新开学。挂起这块校名匾额，背后所经历的曲折、付出的艰辛，贵林是最为清楚的人。因之，他在开学典礼上对座下的六名教员、六十位学生如此说道："我校之建立，是于列强觊觎、民乱不息之时。创始人惠兴女士，本爱国心，联络女界，激励人群，却一再蒙羞，最可寒心者，乃创始同心同德之人，始以规避，继以决裂，终以毁谤。此中苦况，非阅历有素者断难排遣，而惠兴竟至以身殉。噩耗传来，同胞梦醒，兔死狐悲，物伤其类。各界云起，众志成城，上自王公大臣，下自男妇老幼，无不以学堂为总务。满汉相抵，于此潜消；女学之路，方兴未艾。"

树上的绿叶泛着光泽，在春风的吹拂下，一簇簇嫩绿似是浮动起来，自贵林眼前滑过，滴翠慢慢流到了心中。数日来紧绷的神经得到舒缓，他的语调由高亢渐趋平和，话里的情感却愈加真实和丰沛："惠兴的遗书交由教员刊刻分发，你们均已看到，说是字字泣血，亦不足为过。这所学堂，是她毕生心血所系，而诸位，则是其身后挂念之所托。望你们能够继其大孝大义大勇大侠之精魂，以女学发达为目的，以民智开通为责任，不负先贤，不辱使命。"

最后一句话余音袅袅，在空中回荡了很久。

在教员的引导下，女学生依次回到课室。在四年的读书时光中，她们将要学习的，是修身、读经、历史、地理、国文、算学、女红、刺绣、唱歌及体操十门课程。而等待她们的，是惠兴心向往而身不能至的未来。因为，这是一所她以生命成就的女学堂。

远隔千里的同气相援

惠兴殉学所引起的震荡辐射至京城。

当京城百姓还沉浸在新年的喜悦与期盼时，西郊城外的陶然亭却笼罩在哀婉与肃穆的氛围中。光绪三十二年（1906）正月初七，以《北京女报》主人张筠莠为主导，在此地举办了惠兴的追悼会。

从湖边刮来的朔风，挟着逼人的寒意，在亭内鼓荡来去，使张筠莠的话音忽高忽低："今日，北京女界最有声望之人皆汇集于此，是为纪念我们的同胞惠兴女士，其人其事昭烈于世，足以为女学之楷模。"亭外的枯枝剧烈摇晃，似是在与大风用力对抗。庭檐、树梢、平地上的积雪，在不甚强烈的日光下染上极淡的玫瑰色，成为一片萧索中宝贵的温意。

张筠莠伸手指向前排站着的两人，略一躬身，说："为使其事迹不至湮灭，其牺牲不沦为虚空，我报主笔张毓书（即张展云）与玉成班班主田际云拟成立妇女匡学会，立志推动女学之创办，并以惠兴之经历为蓝本，排演戏曲，以唤起上至文武百官，下至乡野农夫对女学的重视。"人人脸上如冰冻的湖面一般平静，然而这绝不是麻木。

情绪的激流奔涌在不动声色之下。他们中的大多数都曾有过碰壁的回忆，也曾备尝希望落空的煎熬，但惠兴的自杀令事态迎来了转机，就像一把照亮黑暗的火把。他们擎着这火把，以纪念、追悼的名义，为惠兴女学堂募集四千余元捐款，在《大公报》《申报》等媒体上持续报道造势，入颐和园上演《女子爱国》《惠兴女士》等新戏，一步一步，终于使清廷高层扭转了对女学的态度，于光绪三十三年（1907）一月二十四日公布了学部奏定的女学堂章程。此一来自官方的认可，使惠兴牵挂的长年经费得到了制度上的保障。

惠兴办学，起始于特定历史条件下满汉对抗的矛盾之中。然而，惠兴为学殉身的极端之举却令情势发生了改变。从杭州到京城，掀起了声势浩大的纪念活动。惠兴摆脱了身份的桎梏和地域的局限，逐渐成为一种象征，推动了女学在全国的兴起。

对办学几番推辞的三多，却在写给《大公报》的文章中，精准地概括了惠兴之于时代、之于国家的意义：

惠兴中学在惠兴女学堂的遗址上承续

"盖中国女教不昌久矣，庸中佼佼，或能为才女、为贤母、为节烈妇，已达其极点，未有如罗兰夫人所谓真正人物，去私情，绝私欲，身献同胞，而酬报待诸后世者。有之，自吾同里惠兴女杰始。"

　　惠兴身处新学勃发、中西文化交汇的杭州，她的所见所闻、所感所思，使她具有了超前的洞察力和无畏的献身精神，以其言其行成为中国近代女子独立进程中的重要一环。她之先进，亦是杭州城之先进。她以生命为代价，换来惠兴女学堂的存续；她以舍身殉学的义举，激起了民众与舆论的热切关注和讨论，从而使女学借此契机得到了朝廷的正视和社会的接纳。惠兴的事迹，从一个侧面反映了近代杭州在发展教育、开启民智上领风气之先，体现了杭州这座城市及其人民自强不息、勇于开拓的精神。

风云激荡，再起波澜

　　1911 年，革命的风暴席卷全国，封建制度如摧枯拉朽一般轰然坍塌。泥沙俱下之中，平稳发展不过四五年的惠兴女学堂又遭到了几于致命的冲击。

　　如果说历史是一条长河，那么无数的人与事就是汇成这条长河的细小溪流。它们本各有方向，但不可避免地相互影响——融合或冲撞，历史的面目也就因之变得纷繁复杂起来。惠兴女学堂被卷入辛亥革命各方权势的角力中，而前文所述的诸多人物，也在此时进行了一场惨烈的对抗。

　　素英跑了大半日，才在惠兴女学堂的门前找到了父亲贵林。向来仪表挺拔、意气风发的父亲歪坐在地上，双手拄杖，出神地望着远方。周围的景物仿佛与他脱离了一般，疲态尽显的身躯在暮色四合的朦胧中分外突兀，像是被大千世界抛掷出来，兀自孤零零地黯然神伤。在他的头上，正是清廷赐给惠兴的牌坊"贞心毅力"。

　　素英远远地看着父亲，极为小心地走近，心里不知为什么突然不安起来。九月十五日，父亲代表杭州旗营与革命军谈判，签署了缴械、发饷、保安、谋生四约，并将全旗的枪械、马匹、印信、文件、官兵名册交由总司令部。事情办妥归来后，全家人都松了一口气，以为至此不再会有侵扰。未承想，八日之后，咨议局派人登门，请父亲和弟弟量海前去商议要事。由于家人遍寻不着，才找到早已出嫁的素英，一同寻找。

"父亲。"素英试探性地叫了一声，贵林没有任何反应。素英走到近前，蹲下身子，用手轻轻地推了推父亲，又再叫一声。

贵林仿若梦中初醒，犹疑地说道："素英？你怎么来了？"

不过几个月未见，素英吃惊地发现父亲居然头发花白，似覆上了白色的尘霜。"咨议局请您和量海，还有存炳、哈楚显前去，已经找了您一天了。"

贵林的眼中刹那间划过一丝恐惧，素英还从未见父亲怕过什么，在她的心中，父亲一直是光明磊落、深得军心的统领，她不明白父亲为何会露出惊惧的神色。"只说是商议，想来不会有什么为难吧。"

贵林惨然一笑，这笑中有一种看破沧桑的决然，说："我前与周承菼谈判，不欢而散，后来才得知，此人乃孙翼中门生。我与孙氏早已有过节，因我曾命人严加办理孙氏的风化案，令其不得不出走杭州，自此后对我忌恨不已。今日他们皆为革命党人，处心积虑想置我于死地，只不过前有故交陈黻宸代我斡旋，又所幸新任都督汤寿潜人心秉正，才平稳地与我完成了降接事宜。但我总有预感，该来的祸是躲不过的。"

素英止不住地颤抖起来："父亲，我想不论何如，总该依照答应我们的和约办事吧。"

贵林没有回答素英，而是缓缓起身，径自前行。又突然停下，对素英说道："你已出嫁，我略可放心，只是你的弟弟和侄子恐会受我牵连。这样，你速去陈黻宸家中，将我要去咨议局的事告知于他。他是议长，总会有些办法的。"

素英还想对父亲说些宽慰的话，但又不知如何表达，一时站在原地未动。

贵林忽然急切起来："快去吧，勿得耽搁了。好自活着，世态纷扰，切莫失心。"他摸摸素英的脸，又极为仔细地看了女儿一眼，便转身迈步，再未回头。

素英看着父亲徐徐走入日落的最后一道霞光中，泪流满面。

贵林的预感成真了。当夜，周承菼趁汤寿潜赴沪之际，以"私藏军火，阴谋反叛"的罪名将贵林等四人枪决。陈黻宸得到消息后火速赶往咨议局，却只得来贵林已死，尸身正运回府上的噩耗。若是民军以送尸体的名义闯入府内，恐会引来更多杀戮。陈黻宸心急如焚地奔入贵林府上，果然看到贵林的幼子及孙子孙女被胁迫在刀口之下。他飞奔上前，用身体护住三人，对着民军大声怒吼："要杀先杀我！"他的牙齿几乎被咬碎，仍然抑制不住悲愤的情绪。民军碍于陈黻宸的议长身份，只好作罢，收刀离去。贵林府上的呼号在无边的黑夜中久久不停。

贵林一死，惠兴女学堂即被诬为清朝官僚遗产而没收。汤寿潜自上海返回杭州后，本就为贵林被害愧疚不已，在此学堂一事上便倾注了极大的心力。他协同蔡元培等人以"五族共和"为理由，向司令部施压，最终收回学堂，并与蔡元培亲任校董。他找到素英，劝说其担任学堂校长："惠兴女学堂创自惠兴，但其得以延续却是你父亲的一番心血，如今他陷于权争，含冤赴死，学堂因此飘零，存亡未定。我与介石（即陈黻宸）商量了很久，认为还是由你担任校长最为妥当：一来承继父志，名正言顺，旁人无权置喙；二来也可抚慰民心，毕竟此学堂早已成为杭州女学的代表，意义非凡。"素英含泪应承。

按照新制规定，1911年惠兴女学堂更名为杭县城区惠兴国民小学，为四年制初小，男女兼收。1915年又增设高小。1917年，改由褚寿康女士担任校长，并于1920年增办中学部，专收女生，校名更为私立惠兴女子中学。在其后动荡不安的岁月中，惠兴女子中学顽强生存，虽多次更名，却不曾中断。进入新世纪以后，依据浙江省和杭州市政府的要求，原杭十一中初中部独立，

惠兴中学因惠兴女士而得名

并恢复校名为杭州市惠兴中学，显示出历史脉络的延续。今日杭州城中的惠兴路，则寄托了后人对惠兴及那段波谲云诡年代中敢为人先、永不放弃、誓死抗争精神的深切纪念。

惠兴女学堂历史沿革情况

光绪三十年（1904），惠兴在杭州旗营迎紫门北面金钩弄梅清书院旧址创办贞文女学堂。

光绪三十一年（1905），因经费无着，贞文女学堂迫不得已停课。因筹措经费无果，惠兴自杀殉学。

光绪三十二年（1906），学堂重新开课，并由浙江地方官府收为官办。为纪念惠兴女士，更贞文之名为杭州官立惠兴女学堂。杭州驻防旗营佐领贵林为总办，其母文安女士任校长。开办高、初两等小学堂，学制各为四年。

光绪三十三年（1907），惠兴女学堂有教员六人，学生六十人，课程设置完备，包括修身、读经、历史、地理、国文（兼习字）、算学、女红、刺绣、唱歌及体操等十门。同时，正在建造样式楼房五大间，平房七间，以备扩充校舍。

光绪三十四年（1908），惠兴女学堂增设师范科。五月，《惠兴女学报》发刊。

1911年辛亥革命后，贵林被枪决，惠兴女学堂的校舍、场地、经费皆被没收。后在汤寿潜、蔡元培等人的积极斡旋下，校舍被发还，由贵林之女赵素英担任校长，学堂改为小学，名为杭县城区惠兴国民小学，为四年制初小，男女兼收。

1920年，开办中学部，改为专收女生，名称变更为私立惠兴女子中学。

1938年，受战事影响，私立惠兴女子中学停办。

1945年，教师钟郁文在私立惠兴女子中学原址创办了惠兴小学，使得校舍得以保留。抗日战争胜利后，此惠兴小学被移交给私立惠兴女子中学。在此基础之上，私立惠兴女子中学复校。

1947 年，私立惠兴女子中学增设高中部，在校学生数达到 500 余人。

1954 年，私立惠兴女子中学的高中部被并入杭州女中，初中部则开始招收男生。招生人数从 1949 年的不足百人扩大到 500 余人。

1956 年，惠兴女子中学由杭州市人民政府接办，转为公立，并与和其一街之隔的东瓯中学合并。新成立的学校名为杭州市第十一中学，是男女生兼收的完全中学。

2000 年 5 月，杭州市第十一中学初中部在惠兴路原址办学，并恢复校名惠兴中学。高中部独立为新的浙江省杭州第十一中学。

本章主要参考文献

1. 《浙江省杭州府志》卷十七《学校》，成文出版社有限公司，1983 年影印本。

2. 马庚存：《中国近代妇女史》，青岛出版社，1995 年。

3. 夏晓虹：《晚清女性与近代中国》，香港中和出版有限公司，2011 年。

4. 李桔松：《清末杭州八旗驻防士人的族群意识——以金梁和惠兴为考察中心》，《北京教育学院学报》2017 年第 2 期。

5. 陈江明：《清代杭州八旗驻防史话》，杭州出版社，2015 年。

6. 侯杰：《〈大公报〉与近代中国社会》，南开大学出版社，2006 年。

7. 沈洁：《从贵林之死看辛壬之际的种族与政治》，《史林》2013 年第 4 期。

8. 湛晓白：《从舆论到行动：清末〈北京女报〉及其社会姿态》，《史林》2008 年第 4 期。

9. 侯杰、李净昉：《文本·书写·主体身份——以清末惠兴自杀殉学事件为中心》，《郑州大学学报》（哲学社会科学版）2012 年第 4 期。

10. 江百炼：《辛亥革命时期女性自主意识的觉醒及其原因》，《湖南工业大学学报》（社会科学版）2008 年第 1 期。

11. 《惠兴女士为女学牺牲》，《申报》1905 年 12 月 30 日。

12. 《戏价拟助女学堂经费》，《申报》1906 年 3 月 19 日。

13. 陈平原主编：《现代中国》第一辑，湖北教育出版社，2001 年。

14. 《补记杭州贞文女学校校长惠兴女杰历史》，载李又宁、张玉法主编《近代中国女权运动史料（1842—

1911）》，龙文出版社，1995 年。

15. 徐宁：《女校与近代江南社会的变迁（1850—1931）》，博士学位论文，上海师范大学历史系，2013 年。

16. 梁妍：《近代女子学校教育发展历程及特点分析（1840—1919）》，硕士学位论文，吉林大学历史系，2010 年。

第五章

十年树木，百年树人

异国他乡的相逢

从学校出来的时候，天已经完全黑了下来。路灯在细雨蒙蒙中笼上了一层淡橘色的光晕，带给人些许温暖和莫名触动。经亨颐来东京已经三年了，从弘文学院转入了东京高等师范，在理化科学习。前几日，他从浙人同乡会处得到了消息，有一位名为王廷扬之人，受浙江巡抚所托，来日考察学务，尤其是师范教育，望浙籍留学生多方协助。为表慎重，特由同乡会牵线，约请数名留学生至茶馆与之交谈。今日，经亨颐便是要赴此约。

进入茶馆，一位侍者将经亨颐引至二楼内侧的一间房内。房间私密性很强，纸门拉上之后，外面的雨声、喧哗声都屏之不闻。经亨颐看到了几张熟脸，与其来往较为密切的许寿裳也在其间，他站起身，热情地招呼经亨颐落座。坐定之后，经亨颐才发觉这唯一的一张陌生的脸孔——围绕着嘴角有一圈皱纹，深如刀刻，但双眼却似年轻人般炯炯发亮，使得整张脸并不显得苍老，尽管须发已经半白。一笑起来，皱纹便陷得更深，让人产生一种错觉，以为皱纹是因为笑才造成的。这皱纹不是疲惫苍老的表征，而是热忱磊然的形象化。

"鄙人王廷扬，今日在这里宴请大家，是想讨教日人师范教育的详细事业，还望各位同乡开怀畅谈，指教一二。"皱纹之下发出的声音响如洪钟，与挺直的胸膛、宽阔的肩膀甚为相称。

"师范教育范围极广，不知王兄想了解哪些方面？我等也好有所侧重。"许寿裳提问。

经亨颐坐像

"不知你们是否有所听闻，近来国内颇重师范教育，浙江巡抚张曾扬大人已向朝廷奏准，将贡院改建为师范学堂？由于'癸卯学制'中规定，各省办立学堂须先派人出洋考察，了解教授法和管理法。我此次前来，巡抚特意嘱托，咨询办法及建筑事项。"王廷扬动了动身子，向在座的学子环视一圈。

"改建贡院？"众人略有些吃惊，"没想到科举废除如此之快，乡试的贡院都要被移作他用了？"

"是呀，"王廷扬朗声答道，"此次师范学堂的建立，官府极为重视，不但下拨公费银两，还特意指出，校舍不宜简陋，要建设完全。与之前的求是、养正等借用寺庙改建，不可同日而语。"

经亨颐感到自己的心跳得很剧烈，他虽入读理化科，但对师范教育早有向往，还在弘文书院之时，其创办人嘉纳治五郎曾说过："教育，乃培养健全之人格。健全之人格，当具备德智体美诸素养。"初听此言的醍醐灌顶之感至今依然清晰强烈。从那一刻起，他就下定了决心，要去中国旧式教育之弊端，采西方人格教育之先进，为 20 世纪初的中国教育做一番勇敢的革新。如今师范学堂建立在望，无法抑制的激流在胸腔奔涌。

王廷扬注意到了这位陷入思考的男青年："这位同学对于师范教育有何高见？可否说来与我们听听。"

许寿裳用手肘轻轻碰了碰经亨颐，低语道："你对教育颇有心得，不妨谈谈。"

侍者拉开移门，进来上茶，一丝清冽的气息钻入席内，挂于屋顶的灯泡随着吹进门来的风晃动，光圈照亮了经亨颐的脸庞。"据我观察，师范教育在我国根基较弱，不但师资缺乏，合格之学生亦难获得。从当下的情形来看，可分级进行，以优级、初级作划分，优级培养中学师资，初级培养小学师资。依据不同的目标择选老师、考核学生、定立课程，分别推进，以成功效。"

"好！"王廷扬十分响亮地附议，眉宇舒展，嘴边的皱纹裂得更深了，"此为学制问题，你所言很有道理。但若想具体施行，恐纸上谈兵尚不足够。"

"我在日本结交了不少浙籍学子，"经亨颐指向许寿裳，"许君即是其一，他交友广泛，也可代为联络。从留学生当中，不难选出适合的老师——此为师资问题。至于学生，我认为还当以层层考核进行选拔，其中尤重新学。至于具体规划，还须依照老师与学生的情况再作衡量，但至为重要的一点，窃以为，是思想与理念。"

众人的目光都聚焦在经亨颐的身上。

许寿裳

"教育非为灌输，非为铸型，而是教师与学生之间的人格交际，教师之人格与儿童之人格至微至妙之间，即教育效力之所在也。"经亨颐把自己对教育的感触以很精练的语句作了总结。

"这位同学，看来你对教育所思极深，冒昧一问，是否有意回国参与此次学堂之创建？"王廷扬直视经亨颐，眼里的真诚和迫切一览无遗。

经亨颐张了张嘴，喉咙一阵干涩，想说的话卡于其间，吐露不得。

许寿裳看出了他的为难，替他回答道："经亨颐正读本科一年级，如果回国的话，恐不得不中止学业。如此大事，须得与学校及家人商量后方可决定。"

"这是自然。"王廷扬有些讪讪，但仍不放弃，"不知是否有圆通之法？"

"也不是没有，"经亨颐挠挠脸颊，试图将心绪平稳下来，"能有幸投入师范学堂的创立，我实心向往之；此事于父母而言，是回馈家乡的功德善事，相信他们会支持。至于学校方面，我想可申请办理休学一年，这是符合学校制度规定的。"

"这个办法好！"王廷扬举起茶盏，"我先以茶代酒，敬贤弟及诸位同学，还望你们多多联络，共助学堂一臂之力。"说完一饮而尽，真把茶喝出了酒的豪爽。

大家的兴致也都被调动起来，一面向经亨颐表示祝贺，一面也纷纷表示会尽绵薄之力。窗外雨声渐歇，月亮洒下一片清辉，照亮了茶馆门前的道路。

浙江官立两级师范学堂教学区全景

　　光绪三十三年（1907），经亨颐按照与王廷扬的约定，休学回国，任筹备中的浙江官立两级师范学堂教务长。那时的他还未曾料到，在之后的十余年中，他与这所学校休戚与共，并成为影响浙江乃至全国师范教育的灵魂人物。

竞争之激烈令人咋舌

"考试所用的课室已布置好了吗？"明日即是录取选试之日，接替邵章担任监督的喻长霖，心里挥不去担忧，特意折回学堂询问负责此事的学监。此番出任监督，虽是临危受命，但招生之责不得不慎重。

"都已妥当。"学监抬眼看看，又补充道，"教务长还在清点试卷，您——"

"好，我去看看。"未等学监说完，喻长霖疾步走入教员宿舍。

经亨颐反复看了几遍试卷最末一道理化题，总感到不甚满意。凝思之间，发觉背后似有人站立，回过头来："喻监督，您何时来的？"

喻长霖和蔼地一笑，他很喜欢这位从日本请回来的年轻人，每次交谈，这个年轻人总是目光四射，仿佛有无尽的活力，有时会冒出一些听不懂的术语、名词，却被满面的春风所化解，令人丝毫不感到空洞乏味和老气横秋。

202

"明日就是考试日了，这次报考人数逾万人，仅金华一府就达三千人，是我从事教育以来前所未见之情况。而最终录取者不过六百人，如此悬殊，对考试的要求自是极高，能否剔劣择优，关系重大啊！"

"此次报名人数众多，是多种原因汇集之结果。其一，在招生揭帖中写明，自十八岁至四十岁皆可报名，廪、贡、监生可投考初师，学校毕业或在中等学校肄业若干时的均可投考优级，年龄覆盖之广，恒所未有；其二，南皮先生为鼓励学子趋于师范教育一途，对于师范生，凡考入优级的，毕业后便可取得'举人'的头衔，倘成绩列最优等，进京复试及格的可得'中书科中书'，是为'五品'，初级毕业的亦有科名。科举已废，对求学之人来说，此为最佳选择之路。由是两点，才有今日踊跃报考之状。"

喻长霖很钦佩地点着头："王廷扬对你赞赏备至，看来所言不虚。此番分析，有理有据，让人不得不服啊。"

经亨颐的脸很快地飞过一片红霞。"承蒙监督厚爱，晚辈不敢有丝毫懈怠。"停顿片刻，似是犹豫，终还是不吐不快，"就我观察日本教育之感受而言，学生之资质甚为重要，若不能选择合适之人，于学校教育诸多负累。两级师范倚重新学，但我们现在的试卷却对新学考之不多、题目不深，所以我有些担心。"

喻长霖的眉心拧在一起："万人之中选六百人，已是万分之难，若再增加新学考核内容，则更是难上加难。如此一来，恐怕中榜者寥寥。但是你所说并非没有道理，这也恰是我忧心之处。"

浙江官立两级师范学堂校舍

经亨颐看出了监督的顾虑，为自己的冒失直言而后
悔。"纸上得来终觉浅，绝知此事要躬行"，设想与施
行常不能相符，因其间总难免夹杂牵制或制约，看来自
己尚需磨炼。

"你看这样如何？"喻长霖打破了沉默，"先按照已
定试卷进行，若成绩不能满意，再商量后续事宜。临阵
更改，无法周全，倘有疏漏，既不好向考生交代，也有
亏于其他教员的辛苦。"

"不论从何角度来看，此方法都更为妥当。那么就按
监督所言，如常进行，倘若不如意，再行调整。"

事情果如经亨颐所预料。光绪三十三年（1907）冬，
初次通过考试的六百名新生，在新学方面积累不足。经
亨颐决定再做一次考核，以英语、历史、数学、物理、
化学、博物六门测试。此次考试，只有七十余人通过，

进入两级师范学堂本科学习；另有一百二三十人先进预科一年，补习欠缺，翌年再升入本科；而其余的四百人则惜被淘汰。最终的录取率仅为 2%，选拔之严格，令人瞠目结舌。

这是激变的时代

宣统元年（1909）初春，西湖中湖心亭上，王廷扬与许寿裳对坐。微风拂面，茶气袅娜，一派清雅姿态。"来校几日，可还适应？"王廷扬一面说，一面将新泡好的清茶倒入许寿裳的杯中。

"一切尚在学习中，总体说来，还能应付。"许寿裳双手端茶，以示尊敬。

"学堂于去年四月十五日（即 1908 年 5 月 14 日）正式开学后，喻长霖也在年底去职，监督一职便落在了我的肩头。我虽热心于此校，但由于家务事缠身，勉力应付一年多，下月也不得不离去。"王廷扬语带落寞，亭下的湖水掀起涟漪，像带着柔情似的流动不止。

"前面之变故，我也听经亨颐谈起过，他回日本之前，本以为由您任监督后，一切事宜将趋平稳，万没想到……"

"政局动荡，人事更迭本就频繁，而各人亦谋各人之前程，此乃无可奈何之事。所以我将你请来担任教务长，就是想在监督更迭时期，能有人帮助平定局面。"

206

1903年，许寿裳（后左）与鲁迅（后右）等人摄于东京

"我明白，教务方面您可放心，各科老师均已到任，且不乏名师大家，如群经源流科之马叙伦、中国文学科之沈尹默、日语科之夏铸（即夏丏尊）、伦理科之钱家治，皆为一时之选，且授课认真。"

"看来你对教务长一职，已是十分熟练了，各科师资了然于胸，想来平日没少与他们交流吧。经亨颐离杭之前，

207

最重理化科，但我国在此领域人才难觅，这方面要劳你多加费心了。"

"提到这个，"许寿裳兴致顿起，"我与弘文学院时的同学周豫才商谈妥定，邀请他担任生理和化学科教员，他大概将于八九月间来杭。周君处事严谨，学医多年，不但知识深厚，可担启化学子之责，而且日语纯熟，亦能做翻译工作，帮助日籍教员与学生沟通。"

"听你一席话，我心安许多。两级师范学堂集众人之目光而建立，曾有人质疑不过一学堂尔，何至于占地颇大、用费极高，现在看来我们的苦心经营给出了最有力的说服。自林启创办求是书院起，杭州府的教育一直领全浙，或可说全国之先，如今我们的师范学堂总算没有辱没先人之功绩。"王廷扬双眉舒展，低头啜茗之际，发现茶已浅而无味，"要不要叫店家再泡一壶？"

"监督且慢，《红楼梦》有诗赞白海棠：'淡极始知花更艳。'饮茶也有此道，淡而无味，未尝不是一种至味。现下世事繁乱，我们一心教育，正与古人所说'淡泊名利'相符，故而我觉得这淡茶最是有兴味啊。"

"妙哉！妙哉！"王廷扬赞不绝口。

许寿裳赧然一笑："这并非我的想法，而是窃自学堂教员，他们常到湖心亭吃茶，清风论道，不亦乐乎，有时也将心得讲与我听。我对他们的修养可谓是钦佩之至。"

晚风渐起，掠过二人的发梢，拂动岸边静立的柳树，吹皱水中落日的倒影，仍不停歇，继续向前，像从天而降的仙乐，无可追踪，却环伺不散，翩然而至两级师范学堂的校舍中。在白日与黑夜的交替时刻，教员、学生依然忙碌，专心致志地沉浸在自己的事务中。

博物科的学生走入校门，手里拿着的是从山中采集的植物与矿物，预备制作标本；史地科的教员埋首编写讲义，由于没有现成的课本，所有讲课内容均由教员一字一句编写而成；图画科的学生趁着彩霞铺展天际，在纸上敷色填彩，练习写生；手工科的学生围着黏土、石膏、木头、钣金等各类材料，依据图纸制作心中所构想之物……更多的学子在油灯下翻阅书籍，轻声念诵；亦有三三两两在空阔处激昂辩论，探讨从日文或西文翻译而来的法律、经济条文；最远处的平地上依稀可见奔跑与做体操的身影。

能够在风云激变的时局中，静心读书，潜心钻研，对于一个学子来说，不啻为人生的黄金时代。而一所学堂，能够集结众多饱学之士、风流雅士，用学识以培养，凭言行以感染，滋养无数正在塑形中的灵魂，也勾画出一个美好的时代。

新与旧的激烈对抗

历史前行的脚步不可遏制，若旧的强行阻拦或不甘于退场，新的就会不断潜蓄力量，一次次发起抗争，直到彻底而完全的取代。杭州府中学堂陈黻宸与杨文莹的对抗风波，七年后（即 1909 年）同样在浙江官立两级师范学堂再次上演。正如多年之后，一位名叫闻一多的清华学子所写下的："新的已经来到，旧的还不肯去，新的急了，把旧的挤掉——这是革命。"

许寿裳对着镜子反复检查，衣着、皮鞋，头发、胡须，无一不整洁，听说新任监督夏震武对仪表极为重视，自不敢怠慢。衣服是新浆洗好的，皮鞋也擦得锃光瓦亮，只是自己早已剪去辫子，这一副西式做派，不知会不会招来监督的不满——据听闻，这位富阳学者（夏震武为富阳灵峰里人）"以孔孟之道为天下倡""以先圣先王之道法守节"。想到这里，许寿裳头痛般地皱起眉头，不论从何角度来看，此人与学堂的风气都不甚兼容，断不要惹出什么是非才好。

"教务长，监督已至校门外。"工友进门通报。

许寿裳应了一声，快步走出房间，一路小跑。只见校门后的甬道内，一位长须髯髯的精瘦老人踱步行来。"夏监督，有失远迎，请您见谅，我是学堂教务长许寿裳。"许寿裳一面说，一面弯腰做出搀扶之姿。

老人继续昂首阔步："今日只是先来看看，不算正式上任，一切简便为佳。但在正式履职之前，我有几件事要与你交代，烦请一一办妥。"

许寿裳的手尴尬地悬在半空："监督请讲。"

"第一，明日与我同赴孔庙谒圣，这并非是你我个人之举，而是代表学堂所有教员、学生，行读书人应行之礼。第二，自孔庙回来后，在学堂召开'廉耻教育'庭训，要求全体学生必须到场。第三，庭训结束后，安排教员在礼堂与我见面，此见面须极为郑重，身着礼服，不得有任何狂言诞语。你听明白了吗？"夏震武侃侃而言，没有注意到一旁的许寿裳脸色已变得十分难看。

"恕难从命。"许寿裳冷冷地回复，"监督似乎忘了，此乃依据'癸卯学制'所开办的新式学堂，而非传经之所，况且学堂里还有几位日本教员，难道也要他们一并行此大礼吗？"

夏震武面露不悦，极力压制怒火："既是读书人，就应当尊孔重道，外邦人又如何？早在千年之前他们就对孔圣人顶礼膜拜，今时略懂了些奇技淫巧，难道便背弃古训了？"

许寿裳欲言又止，想立刻离去，又碍于周边还有随行的教育总会会员，不好把事情做绝，只得勉强敷衍了一句："监督这些安排，容我与其他教员商量一下，再做决定。今天既无要事，我就先走了。"

几名官员面面相觑，夏震武怒气冲冲地对着许寿裳的背影高声斥责："不可理喻！成何体统！"

第二日，在几位教育总会会员的协调下，孔庙未谒，但庭训还是举行，夏震武将昨天未能尽发的怒火全数喷

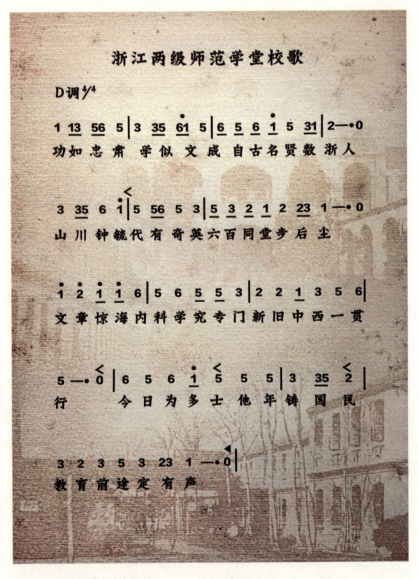

浙江官立两级师范学堂校歌

射出来："学堂败坏，始自离经叛道、非圣诬法之教员，误人子弟，实乃祸国殃民。予到任后，绝不会视之不见，放任自流，学堂之整顿即日推行，一切有悖圣人之训的出格之举绝不姑息！"

会场内私语声起，学生们议论不休，许寿裳、周豫才、张宗祥等教员则脸色铁青，一语不发。

未几日，一封由夏震武落款的信函寄至浙江巡抚增韫处，信函上提及，浙江官立两级师范学堂的一干教员在教务长许寿裳带领下，公然与监督对抗，竟至罢课离校，故敦请驱逐许寿裳，以儆效尤。

此举激起了许寿裳等人更激烈的反抗。许寿裳毫不客气地向增韫告了夏震武一状，还向前任监督沈钧儒提出辞呈，自证清白。夏震武不甘示弱，继续上书追究教员，如此步步相逼，使许寿裳及多位教员不得不搬到湖州会馆内住下，学堂的教务一时停顿。

此次风波很快传遍杭州，"夏木瓜"这一对夏震武顽固木强的戏称，也经由周豫才之口"名誉"全城。其他学校的师生群起响应，联合上书浙江提学使，声势之浩大，迫使夏震武辞职。然而，在辞职之后，夏震武却将自己仅得的两百元薪水，悉数捐给国债会及教育总会。这样的行为无疑给许寿裳带来了压力，在教员陆续返校复课之后，他也辞去了教务长一职，表明自己并无禄位之思。将这次风波称为"木瓜之役"的教员周豫才于宣统二年（1910）七月学期结束后，也选择了离开，从此以文学为志业，用"鲁迅"作笔名，成为中国现代史上最为重要的文学家、思想家、革命家和民主战士，代表了"中华民族新文化的方向"。

鲁迅塑像

　　风波暂止，但其引起的风浪并未停息，新思想成为不可逆转的浩然力量，在两级师范学堂、在杭州、在全国风行不止，正应了孔圣人所说的那句话："逝者如斯夫，不舍昼夜。"古训反倒说出了变的原理。也许错的不是传统，而是不知变通和前进的人。浙江官立两级师范学堂的这一场新与旧的对抗亦永留史册，铭记了曾生发于此的书生意气和凌云壮志。

一壶清茶话悲欢

　　站在甲板上，经亨颐忧心忡忡地望着远处的群山，群山黑魆魆地矗立在岸边，犹如一只只巨型怪兽。阴沉沉的天空，似乎预示着一场暴雨。"快下吧，"经亨颐在心里乞求道，"这份闷热真让人窒息，快来一场大雨涤荡清除吧！"一阵雷电闪过，仿佛一把尖利的大刀刺破了灰色的纱幔，豆大的雨滴伴着雷声坠落于地，泥土的腥气直冲鼻腔，却并不让人讨厌，这自然的野蛮力量，带给人最富生命力的畅快感。

　　"木瓜之役"一事在浙籍留学生中传布，经亨颐不禁担心起学堂的运行。毕业典礼还未结束，就决定应监督之邀，回到两级师范学堂，暂任教务长一职。

　　值此时刻，革命的风暴也如这大雨一般骤然而至。辛亥革命爆发后，清朝覆亡，中华民国成立。浙江官立两级师范学堂在新的政权体制下，更名为浙江省立两级师范学校，并在停课一年后，于 1912 年开学。经亨颐成为首任校长，在他执掌的八九年间，两级师范学校具有鲜明的经氏风格，不但是浙江新文化运动的核心，也是全国师范教育的引领。

夏丏尊

七月的杭州，残暑未退，但入夜之后，也有几许凉风吹来。李叔同、夏丏尊沿着西湖漫步。落日染红了天际，给湖边的山镀上了一层深紫。游人散去，绿色的萤虫如精灵下凡，飞来飞去。美景怡情，二人决定入馆品茗。

"一别多年，总有时光如流、人事渐非之感，"夏丏尊看着熟悉的景色和故人，突然兴感满怀，"如今要尊称你为弘一法师了。"

远峰在夜色中若隐若现，仿如往事在记忆中浮沉，李叔同缓缓道来："要说起出家的原因，你还记得吗？有一年一位名人来校演讲，我们却避至校外吃茶，你那时对我说：'像我们这种人，出家做和尚倒是很好的。'我听到这句话，觉得很有意思，从那时起就在心里种下了这个因。"

"这样看来，还真是佛缘不浅啊。当初你告诉我们打算离开时，不只是教员，许多学生都相当不舍。你大概未察觉，那时学生们对你是敬重而至神往的。"夏丏尊话里的惋惜之情，像投于湖水的灯光，很轻地漂浮着，随水波的流动时聚时散。

"对于我来说，那是一段闲静优雅的生活，如今回看，真是如同隔世。"

"你教书时好比佛菩萨的有'后光'，虽从不训诫发怒，但学生们自生敬畏。"

这一席话，令李叔同陷入了回忆中。1912 年，他应经亨颐之聘，在两级师范学校任音乐、图画科教师。不同于其他学校偏重文化科，两级师范学校极为重视体育、音乐、图画、手工等科，此种做法与校长经亨颐的教育理念息息相关。他与经亨颐来往不多，但经氏关于教育的一番慷慨陈词却打动了他。

犹记得也是于此西湖畔，经亨颐对他说："教育以培养学生健全人格为主旨，德、智、体、美、群五育须

弘一法师（即李叔同）

浙江省立第一师范学校校址（今浙江省杭州高级中学贡院校区）及校牌复制品

全面发展，因之在两级师范学校中，美育是与其他课目同等重要的。"待正式入职后，李叔同才明白经亨颐绝非口头说说而已，学校内设有专门的美术教室三间、音乐教室一间，同时规定两科的自修时间和教授时间，与国文、数学一样，都是２：１。图画、音乐科的老师，与理化科、博物科等科目的老师地位平等，甚至由于学生天然地对艺术的亲近感和兴趣，图画与音乐老师更得学生青睐。遗憾的是，依据学部规定，优级部的两班于1912、1913年分别并入北京高等师范学校，本校只保留初级部，并于1913年更名为浙江省立第一师范学校（简称"浙一师"）。所幸图画手工专修科仍留置本校，使经亨颐的人格教育理念得以一以贯之。

李叔同看着眼前的青山，想到当日与经亨颐交谈时这山是一片翠绿。山色未变，变的只是看山人的视角。入夜为黛，天明即绿；远视为翠，近看为青。时常更换，世事皆然。可山终究屹立，想来经亨颐对教育的一番赤忱亦未曾改变。

他回头问夏丏尊："学校现在一切可好？"

夏丏尊没有立即回答，拨弄了几下桌上的水果，方才开口："有变亦有未变。未变的是校长的主张，变的则是几种新措施。经校长在校内试行了一系列新举措；校外呢，浙江省教育会会长一职也落到了经校长头上，他非但没有推脱，反而积极改进，创立了会刊，还牵头召开了多次教育大会。至于这些行为所引发的后果嘛，有人乐见其成，有人则视之为眼中钉。现如今一切还如这夜晚，星河满天、万籁俱寂，野火浮隐、磷磷似鬼，不过我们并不惧怕。"

湖水缓缓流淌，将全部的感慨都带向远方。

"至微至妙之间"

"那不如就叫四大金刚吧！"夏丏尊还未进门，就听到教员宿舍中传来朗声大笑。

"这是在说什么俏皮话呀？"夏丏尊探头走入，好奇地发问。

"你数数，我们有几人？"又瘦又高的刘大白暗示他。

夏丏尊望向一室的同僚，陈望道、刘大白、李次九，加上他自己，浙江省立第一师范学校的四位国文教师都在这里了。"哈哈，原来如此。这个名称好，威严十足。"

"'四大金刚'可不是白叫的啊，"陈望道戏谑中裹夹着几分认真说道，"经校长颇重新文学，决定将一师和附小的国文科全部改为白话文，前不久还找我商谈该选哪些篇目作为教材。"

"你给了什么建议？"夏丏尊的神色郑重起来。

"我以为，还是《新青年》《每周评论》《新潮》等新文学期刊上的文章较为合适，尤其是陈独秀、李大钊、鲁迅等人的作品，遣词造句、叙事艺术甚是高明，足以做学生为文之表率，"陈望道眨了眨眼睛，"当然诸位的文章也是极佳的选择。"

"过奖过奖，"刘大白欠了欠身子，"依我之见，学习白话文不仅是作为表述之用，更是要学习一种新思想。古人云，文以载道。白话是活的语言，因为它承载的是新的、觉醒了的思想。"

"真乃君子所见略同，"李次九极为认同地点头，"语言为外衣，思想为内核。从这个角度看，某些古文也可重读，例如《论衡》《明夷待访录》，虽不是白话，却包含了变革的思想。殊不知新与旧不是割裂，而是自然的发展。"

"此言甚好。白话代替文言，实乃大势所趋、人心所向。正如经校长所言：'入人家室，堂上无鼎彝瓶镜犹可，厨下无杯盘碗盏可乎？不可。'白话就是今时今日之'杯盘碗盏'。"

"此比喻真可谓精辟。有人说白话文鄙俚浅陋，不过是引车卖浆之徒所操之语，难登大雅之堂。我们就要让这些人看看，何谓新时代中新思想下的新语言。"

室内响起爽朗的笑声，室外天空湛蓝，飘着洁白光润的云朵。轻风吹动之下，白云移形变幻，忽而堆砌成山，忽而拉长成丝，渐渐漫化为似有若无的白烟，一眨眼的工夫，就于蔚蓝之中消失不见。

蓝天之下，经亨颐正站在校园中远眺。自 1912 年执掌一师以来，他已推行了多项改革举措。除实行职员专任制，聘请十六位专任教员外，他还打算成立学生自治会，让学生管理学生；打破沿袭已久的学年制，仿照国外试行学科制，将学科分为必修和选修，必修完成之余，学生可自由选择感兴趣的选修课。这些举措，正是人格教育理念之贯彻体现。

明亮的阳光之下，可以看到空气中浮动的细小尘埃，像无数自行旋转的小行星。每一个孩子不正是一颗独一无二的行星吗？外力既不可改变其元素构成，也不可强力扭转其轨道。经亨颐在心中自问自答："若是如此，那么教育又该何为？教育当是教师与学生之间的人格交际，教师之人格与儿童之人格至微至妙之间，即教育效力之所在也。"

这是他的信仰，也是他的指引。尊重学生的人格，把每一位学生都视为完整自洽的独立体，使他们有自发之活动、自由之服从、自治之能力、自律之行为。他坚定地认为，必须将延续千年的教师本位，改为以学生为本位。这样的理念与正处波涛翻滚之势的"五四浪潮"相应和，将浙一师推向了时代的风口浪尖。

风暴席卷而来

荷枪实弹的军警将学生们包围起来。正在示威抗议的学生骇然大惊，他们没有预料到会遭遇枪火，真正的、可以取人性命的枪火。有人仓皇奔逃，有人无畏向前，两股人流相错，形成了极为混乱的局面。"砰！砰！"两声冷酷的、不带任何情感的枪响，像捅开了马蜂窝，嗡嗡的声响说不清是在耳畔还是在脑中回响不断。在无数双脚毫无规划的乱而飞快的移动中，一具年轻的身体倒了下去。在他的身下，殷红的血慢慢洇染了土地。

军警与杭州学生的流血冲突很快登上了第二天的报纸。经亨颐拿着报纸的手颤抖不已。此事并非因他而起，却因他形成不可挽回之势。

事情还要从 11 月《浙江新潮》上一篇题为《非孝》的文章说起。文章言辞激烈，宣称要"把家庭制度根本推翻，然后从而建设一个新社会"。文章署名"施存统"，正是浙一师的学生。此一番无视"礼教"的大胆言论，毫不意外地成为了省议会攻讦新思潮的靶子。省长齐耀珊以此文作借口，查封浙江新潮社，并向经亨颐施压，勒令开除施存统，解聘散布反动言论的一师教师"四大金刚"。

经亨颐十分清楚，这次"因言治罪"的背后是什么。官方的震怒在于公然的反对，而学生的愤怒则来自于意识的觉醒。一篇文章或一种家庭形式，都不过是水面之上的相争，水底是新与旧两股力量的抗衡。然而在这样的时局下——在侵略者的炮声于故土轰然不绝，瓜分中国的野心已昭然若揭之时，经亨颐无法让自己、让教员与学生做埋起头来的鸵鸟，做置身事外的旁观者。他们要搅动这潭死水，不论成败，不问结局。

经亨颐得到消息，省议会提出了针对他的"弹劾案"，省公署则命教育厅长夏敬观劝他辞职。这一步步棋，最终是要将浙一师酝酿起来的民主意识和发动起来的力量全部强力压下去。这种蛮横和残忍，恰如把溺水之人已经探出水面的头强按下去。而这种行径所激发起的反抗，是置之死地而后生的巨大力量，是足以摧毁一切腐朽的狂潮激荡。

浙一师的教员和学生自治会不甘坐以待毙，他们对省议会和省公署步步为营的诡计和逼迫作出了最强烈的

浙江省博物馆武林馆区内的浙一师校史展

抗争，从上呈公文到发布宣言，力保经亨颐的校长之位，终至发生了与军警冲突的流血惨案。

经亨颐的思绪从回忆中抽离，手的颤抖也渐渐停止。夜幕已经降临，天空上挂起了明亮的星星，在黑暗中轻颤着光芒，令他想到学生们纯洁而笃定的眼睛。他立志做一名教育家，在中国培养纯正而健全的人格，却不是以年轻生命的牺牲为代价。他决定明天就去找学生自治会的会长，向他表明自己已无意留在一师，请他规劝学生们停止抗议活动。而他也会请人出面斡旋，确保由支持其主张之人接替校长一职。学生回归课堂，他将另觅处所，兴建学校，继续教育事业。这里不容他，以中国之大，定可以找到能够予他一方平静校园的地方，更何况与他志同道合的教员们早向他表态，愿意和他一起共担教书育人的职责。

远处隐隐传来贩夫的叫卖声，酒肆中嬉笑取乐声依旧不断。狂欢与惨死相距咫尺，这个荒淫混沌的世道不会因为一个生命的逝去和一群人的哀痛而改变。经亨颐不禁悲从心中起，在遇难学生死去的地方，血迹很快就会掩埋于来往行人所带来的尘土之下。正因为如此，他绝不会放弃。他为一师所定的校训"勤、慎、诚、恕"——意为对待学习、工作勤奋、勤劳、勤俭；说话做事慎思、慎言、慎行；对待国家怀抱赤诚之心；与人相处诚信待人、严己恕人——不仅在一师的学子心中生根发芽，也将会在新的学校启迪更多的人。

震惊全国的"一师风潮"以经亨颐离去，并指定由姜伯韩接任而结束。两年之后，也即 1922 年，经亨颐在浙江上虞县境的白马湖畔创办了春晖中学，夏丏尊、朱自清等人也继续任教。在经氏等人的努力下，这所乡村中学获得了"北有南开，南有春晖"的赞誉。

杭州师范大学

　　从浙江官立两级师范学堂到浙江省立第一师范学校，师范教育在杭州蓬勃发展起来，并且形成了相对成熟的体系，由经亨颐等人提出的教育理念与办学主张超越时代，于今仍具有极大的借鉴价值，其中蕴含的进步与温情更是令人赞叹；在经亨颐、夏丏尊、陈望道等一众进步人士的教导和影响下，学生们的爱国热情和民主思想萌芽、生发，使得浙一师成为五四运动以来浙江新文化运动的一面旗帜，并在全国范围内产生了重要影响。

　　经历战争炮火、搬迁动荡，浙江省立第一师范学校逐步发展为今日的杭州师范大学。时间流逝，根脉传承，在历史长河中处于不同阶段的三所学校弦歌相续，它们所培育的师范生，承担起育人之责，将领受到的知识与信念一代一代地传递下去。

缓解乡村教育的焦虑

烟波浩渺间，一艘渔船在薄雾之中缓缓驶过。船上只有两人，一人撑篙，一人撒网。白纱似的雾气笼罩了天地，江水、青山、农舍，仿佛掉入了水墨画中，影影绰绰，看不分明，犹如仙境般令人沉迷。

这幅江南景色，包汝羲看了近三十年。在日本留学时，只要一闭眼，他的眼中就会浮现故乡建德烟雨迷蒙的江景。如今，他立于江边，景色未变，心绪却大为不同。自光绪三十四年（1908）回国后，他先是在严州、衢州等地担任教员，又于四年后出仕建德参事。这段经历令他对建德乡间的情况了解颇深。渔民的生活并不诗情画意，终日于江上风吹日晒，为生计奔波。他们最为渴求的，一是一年的捕捞能够满足全家的衣食，二是孩子可以如城里人一般，有读书求学的机会。

山野之间，建学本就不易，更难的是师资从何而来。"壬子癸丑学制"颁布以来，师范教育在全国方渐渐有起色。浙江省立第一师范学校和省立女子师范学校相继扩充，可师范毕业生仍供不应求，尤其是乡村师资更是短缺，很多山区孩子还只能接受旧式的私塾教育。学无所用，成为许多乡村父母心中最大的焦虑。

　　包汝羲看着江上的渔民十分熟练地将细如银丝的渔网拉上来，低头翻检捕捞所获，这熟悉的动作和背影令他想起了几年前，他带学生到乡间观察林木及农作物时，一位摇船渡他们过江的渔夫曾对他说过的话："现在的学堂难道都不背经书了吗？跑到这里来干什么？"在得知他们是来自严州一所学堂的师生后，渔夫吃惊地问："科举已经废除了？"

　　包汝羲试着解释："只学经文早已不足够了，现在讲求的是新学，养蚕、种树，都要学习科学的技术。我是博物科教员，这次是带学生到山间采集植物标本。"

　　"博物？"渔夫的困惑更深了，"那城里的小孩还上私塾吗？"

　　"如今多为学堂，除了经文，还有许多其他科目，便于日后谋生。"

　　渔夫怅然若失："好不容易攒出钱来，供小孩上私塾，听你的意思，这读完也无甚用处。"渔夫用力一撑杆："难呦，本想让小孩读书求功名，谁想世道变了，还是一场空。"

　　包汝羲说不出话来，江面波澜不惊，他的心中却翻起了波涛。

　　1916 年 7 月，包汝羲创办了浙江省第九师范讲习所。起步之初，规模尚小，他的愿景很简单，即致力于培养山区小学师资。第二年 8 月，在同道之人的帮助下，讲习所扩充，更名为浙江省立第九师范学校，借梅城新安会馆、金华会馆及范公祠为校舍，招收小学毕业生，学制为五年，并分预科和本科。预科修业一年，是为进入本科学习做基础，科目有修身、读经、国文、习字、外

浙江第九师范学校遗址

国语、数学、图画、乐歌、体操。本科科目更为丰富，主要有修身、读经、教育、国文、习字、外国语、历史、地理、数学、博物、物理、化学、法制、经济、图画、手工、乐歌、体操。

　　精心设置和安排的课程，保证了学生的素养，大多数学生毕业后均长期从事小学教育。这些优秀师资的补充，为浙江山区带来了不逊于杭州城的教学质量。至1923年浙江省教育厅改组省立各校为止，包汝羲一直担任第九师范学校校长。改组后的第九师范学校被并入省九中，为九中内设的三年期师范科。从此之后，师范教育成为中学教育的附属部分。第九师范学校精魂不散，数迁校址、几易校名，后定名为浙江省严州师范学校，得以继续发展，获赞誉"浙西山区小学教师摇篮"，亦可谓是不忘初心，终得以成。2009年5月，严州师范学校并入杭州科技职业技术学院，在培育乡村师资的道路上薪火赓续。

杭州的乡村师范教育在 20 世纪初成绩斐然，在这顶皇冠上有两颗格外夺目的明珠，一颗是上文述及的严州师范，另一颗则是陶行知于 1928 年 5 月在萧山创办的浙江乡村师范学校，1957 年定名为浙江省湘湖师范学校（简称"湘师"）。

湘师承继了陶行知曾在南京创办的晓庄师范学校的办学主张，重点培养乡村教育师资，初期一切设施，悉按晓庄师范，头两任校长也为晓庄师范的毕业生操振球、方与严。湘师的课程有语文、数学、物理、化学、动植物等基础课程，还有农业、教育概论、教育心理学、教育测验统计、小学教材教学法等专业课程。可以说，既覆盖面广，且注重教育方法与教学心理的研究。在办学理念上，湘师实行"教、学、做"与"做、学、教"合一，即教、学、实践（做）三者密切联系，要求学生于课堂学习外，每周要参加一定时间的农业劳动，并且在毕业前于学校开办的附属小学中完成教学实习。同时，推行"小先生制"，由学生教父母、亲人、乡邻等识字，帮助乡村扫除文盲，把学校教育和社会教育联系在一起，体现了"生活即教育"的思想。

在当时国内的教育界中，湘师是众多学校及老师学习的典范，每年都有不少人慕名前往参观。湘师的毕业生在全国各地均有任教，尤其是浙江省各县中、小学教员，多数出身湘师，足见其影响力之大。

———

十年树木，百年树人。师范教育可说是功在当代、利在千秋。杭州的师范教育始自清末浙江高等学堂设立师范科和师范讲习所，在全国范围内起步较早。此后，浙江官立两级师范学堂、浙江省立第一师范学校、浙江省立第九师范学校及浙江乡村师范学校相继成立，各具特色，各有所长，共放光辉，将杭州的师范教育推至高潮，为浙江乃至全国输送了大量优秀师资，为开启民智、提高国民素养，特别是发展、完善乡村教育，作出了不可估量的巨大贡献。

浙江两级师范学堂历史沿革情况

光绪三十二年（1906），浙江巡抚张曾扬奏请以省城贡院旧址改建浙江官立两级师范学堂。

光绪三十三年（1907），浙江官立两级师范学堂监督邵章向各县招生。报名者达万人，最终录取两百名。

光绪三十四年（1908），浙江官立两级师范学堂正式开课。

1911年辛亥革命后，浙江官立两级师范学堂更名为浙江省立两级师范学校。

1912年，浙江省立两级师范学校开学复课，经亨颐任校长。

1913年，浙江省立两级师范学校的优级部被并入北京高等师范学校；初级师范继续开办，并更名为浙江省立第一师范学校，学制为五年。

1923年，浙江省立第一师范学校与浙江省立第一中学校合并，新学校名为浙江省立第一中学，设中学部和师范部。"中、师合校制"后，师范教育地位降低，师范生人数下降。

1929年，浙江省立第一中学的高、初中分开。高中设文、理、师范三科，改名为浙江省立高级中学，原浙江省立第一中学师范部改称为浙江省立高级中学师范科。

1931年，为弥补小学师资的缺口，经浙江省政府委员会会议通过，决定在杭州设立一所省立师范学校，学校名称为浙江省立杭州师范学校。校址定在南城脚下（今南山路）旧杭府孔庙。同时，浙江省立高级中学停止招收师范生。

1938年，浙江省立杭州师范学校与省立杭州高级中学、省立杭州初级中学、省立杭州女子中学、省立杭州民众教育实验学校及省立嘉兴中学、省立湖州中学等校，迁至丽水碧湖，成立浙江省立临时联合中学，设高中、初中、师范三部。浙江省立杭州师范学校属临时联合中学师范部。

1939年，浙江省立临时联合中学的高中、初中、师范三部分别独立，师范部改称浙江省临时联合师范学校。

1946年，浙江省临时联合师范学校迁回杭州南山路原址，并恢复原校名浙江省立杭州师范学校。同年3月8日正式开学。

1949年，浙江省立杭州师范学校被杭州市军管会所派出的军代表接管。接管后，对学校作了一系列整顿，扩大普通师范招生名额，增办三年制音师科、幼师科，一年制速成师范班、夜师范班，及三年制夜中学、一年制小学教育研究班等。

1953年，杭州市政府决定筹设幼儿师范学校，幼师科从浙江省立杭州师范学校移并到幼儿师范学校。

1956年，浙江省立杭州师范学校从南山路迁至文二街。

1978年，经国务院批准，以浙江省立杭州师范学校为基础，建立杭州师范学院。原浙江省立杭州师范学校也未停办，主要培养小学教师。

1979年，浙江省立杭州师范学校迁至玉皇山路77号。

1993年，浙江省立杭州师范学校依托杭州师范学院招收"3+2"（五年一贯制）小教大专生。

1996年，浙江省立杭州师范学校停招普师生，全部招收小教大专生。

2000年，浙江省立杭州师范学校并入杭州师范学院。此后，杭州教育学院、杭州市法律学校、杭州工艺美术学校、杭州医学高等专科学校等四所学校也相继并入杭州师范学院。

2005年，杭州师范学院搬入新校区——下沙校区。

2007年，杭州师范学院更名为杭州师范大学。

浙江省严州师范学校历史沿革情况

1916年，包汝羲在古严州府治梅城创办浙江省第九师范讲习所。

1917年，浙江省第九师范讲习所更名为浙江省立第九师范学校，包汝羲为首任校长。

1923年，浙江省立第九师范学校及附小并入浙江省立第九中学校，改称为浙江省立第九中学校师范部。

1927年，浙江省立第九中学校改名为浙江省立第九中学。

1933年，浙江省立第九中学改名为浙江省立严州初级中学。

1940年，浙江省立严州初级中学增设高中，并更名为浙江省立严州中学。

1944年，浙江省立严州中学的师范班和附小从中学独立出来，并定名为浙江省严州师范学校，设普通师范科和简易师范科。

1946年，浙江省第十一区（六县）联立师范学校并入浙江省严州师范学校。

1949年，浙江省严州师范学校再次与浙江省立严州中学合并，称为浙江省立严州中学师范部。

1951年，师范部再次从浙江省立严州中学独立出来，仍名浙江省严州师范学校。

2009年，浙江省严州师范学校并入杭州科技职业技术学院。

浙江省立湘湖乡村师范学校历史沿革情况

1928年，浙江省乡村师范学校在萧山湘湖地区成立。第一任校长为晓庄师范毕业生操振球。第一届学生有十余人，同年秋又招收第二届学生十余人。学校设高中师范班，后又开设四年制的简易乡村师范班。

1933年，改名为浙江省立湘湖乡村师范学校。

1937年之后，受战事影响，浙江省立湘湖乡村师范学校数次迁移，先后迁至义乌、松阳、庆元、景宁、福建松溪等地。抗战胜利后迁回萧山，借祇园寺为临时校舍。

1949 年 9 月，萧山县立简易师范学校并入浙江省立湘湖乡村师范学校。同年，学校迁回湘湖原址。

1957 年，改名为浙江省湘湖师范学校。

2002 年，浙江省湘湖师范学校被并入杭州广播电视大学，名为杭州广播电视大学湘湖校区。

2006 年 12 月，经杭州市人民政府研究决定，由杭州广播电视大学为主体，与杭州成人科技大学共同筹建杭州科技职业技术学院。

2009 年，杭州科技职业技术学院成立。以原浙江省湘湖师范学校和原浙江省严州师范学校为基础，建立教育学院，是浙江省培养优秀乡村教师的主要院系。

本章主要参考文献

1. 沈雨梧：《近代前期浙江师范教育》，《教育史研究》创刊二十周年暨中国教育史研究六十年学术研讨会，北京，2009 年 9 月。

2. 舒新城编：《中国近代教育史资料》上册，人民教育出版社，1961 年。

3. 张彬编：《经亨颐教育论著选》，人民教育出版社，1993 年。

4. 《浙江省杭州府志》卷十七《学校》，成文出版社有限公司，1983 年影印本。

5. 汪赞源、陈定顺：《浙江省立湘湖乡村师范学校》，载浙江省政协文史资料委员会编《浙江近代著名学校和教育家》（浙江文史资料第四十五辑），浙江人民出版社，1991 年。

6. 张彬：《"与时俱进"的教育家——经亨颐》，载浙江省政协文史资料委员会编《浙江近代著名学校和教育家》（浙江文史资料第四十五辑），浙江人民出版社，1991 年。

7. 柏生：《著名教育家马叙伦》，载浙江省政协文史资料委员会编《浙江近代著名学校和教育家》（浙江文史资料第四十五辑），浙江人民出版社，1991 年。

8. 商金林：《充满爱心的夏丏尊先生》，载浙江省政协文史资料委员会编《浙江近代著名学校和教育家》（浙江文史资料第四十五辑），浙江人民出版社，1991 年。

9. 鲍嵘：《省立严州中学校史》，载浙江省政协文史资料委员会编《浙江近代著名学校和教育家》（浙江文史资料第四十五辑），浙江人民出版社，1991 年。

10.《杭州师范》，载浙江省政协文史资料委员会编《浙江近代著名学校和教育家》（浙江文史资料第四十五辑），浙江人民出版社，1991 年。

启
明
之
路

HANG

ZHOU

11. 徐佳贵：《湖畔风云——经亨颐与浙江五四新文化运动（上）》，《杭州师范大学学报》（社会科学版）2019年第2期。

12. 李哲：《清末公共舆论中的权力运作机制管窥——"木瓜之役"的"事件"与"风潮"》，《社会科学研究》2016年第5期。

13. 郑晓沧：《浙江两级师范和第一师范校史志要——近代浙江地方教育史资料之一》，《杭州大学学报》1959年第4期。

14. 宋超女：《近代教育改革家经亨颐》，《教育与职业》2007年第22期。

15. 周素子：《"木瓜之役"与夏震武先生》，《鲁迅研究月刊》2001年第9期。

16. 赵林：《辛亥前后杭州新知识界与学生运动——以"木瓜之役"和"浙一师风潮"为例》，《中山大学学报》（社会科学版）2011年第4期。

17. 孙立春、项婉倩：《鲁迅、夏丐尊与日本教习关系考——以浙江两级师范学堂时期为中心》，《新文学史料》2019年第2期。

18. 张直心、王平：《民初文学教育考论——以浙江省立第一师范学校为考察中心》，《文艺争鸣》2011年第15期。

19. 万佳：《解放前杭州师范教育简述》，《杭州师范学院学报》（社会科学版）1988年第2期。

20. 马楠：《"觉醒"抑或"迷失"："五四"前后师范生的众生相——以浙江省立第一师范学校校风为对象的探讨》，硕士学位论文，华东师范大学思勉人文高等研究院，2015年。

21. 杜志明：《清末浙江新式教育在设定框架下的定量、定性比较研究（1902—1911）》，博士学位论文，福建师范大学历史系，2015年。

22. 王若冰：《经亨颐教育思想研究（1908—1926）》，硕士学位论文，郑州大学历史学院，2019年。

丛书编辑部

艾晓静　包可汗　安蓉泉　李方存　杨　流

杨海燕　肖华燕　吴云倩　何晓原　张美虎

陈　波　陈炯磊　尚佐文　周小忠　胡征宇

姜青青　钱登科　郭泰鸿　陶文杰　潘韶京

（按姓氏笔画排序）

特别鸣谢

魏皓奔　杨作民　丁云川　徐海荣（系列专家组）

魏皓奔　赵一新　孙玉卿（综合专家组）

夏　烈　朱小如（文艺评论家审读组）

供图单位和图片作者

浙江大学档案馆

于广明　李　涛　周兔英（按姓氏笔画排序）